RL BOOKS

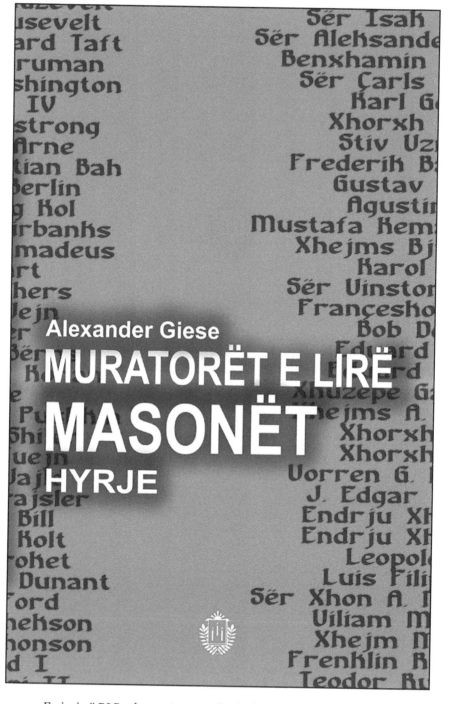

Alexander Giese

MURATORËT E LIRË
MASONËT
HYRJE

E gjeni në RLBooks.eu, Amazon dhe kudo ku shiten libra në internet.

REVISTA  LETRARE

Shtëpia e letërsisë shqipe

Vjeshtë 2021

REVISTA ✦ LETRARE

Botuese   Ornela Musabelliu
Kryeredaktor   Arbër Ahmetaj
Redaktore e përkthimeve   Eleana Zhako

Drejtor Dritan Kiçi
ACC VZW - *BE722862311*
Revista Letrare ®
https://www.revistaletrare.com
info@revistaletrare.com

Revista Letrare - Vjeshtë 2021
ISSN 2736-531X-20211
ISBN 978-9928-324-21-4

© *Botimi i Revistës letrare në print mundësohet nga* **RL Books** ®

RL BOOKS

https://www.rlbooks.eu
admin@rlbooks.eu

Në kopertinë:
Nikollaq Dhima, *nudo, vaj në telajo*
instagram.com/dhimanikollaq/

Bruksel, shtator 2021

Përmbledhja

INTERVISTA

PROZË

POEZI

KRITIKË

DRAMATURGJI

Entuziast

SHPËTIM KELMENDI

Jam njeri entuziast, një entuziast i pandreqshëm. Entuziazmi im i ngjan një kunji shkrepëseje që feks në errësirën e shkallëve të një godine të panjohur. Ndriçon. Jo kushedi, por të paktën aq sa zgjat drita e një kunji shkrepëseje, aq sa zgjat hedhja e një hapi nëpër shkallë, aq sa zgjat iluzioni i të qenit i përjetshëm. Mandej, teksa jap e marr për të ndezur kunjin tjetër të shkrepëses, (meqë ra fjala, nuk e di nëse kam më shumë kunj me kunjat e shkrepëseve që mezi ndizen apo me errësirën) pra gjatë hapësirës së ngushtë kohore midis ndezjes së dy kunjave, rrëzohem e përfundoj në fund të shkallëve, për t'ia nisur sërish nga e para.

Ose jo, le të zgjedhim diçka pakëz më heroike: jam ushtar në frontin e një lufte, idealin e së cilës nuk m'u dha mundësia ta kuptoja edhe aq mirë, sepse më morën derr në thes dhe më sollën në këtë llogore të fëlliqur, që kutërbon shurrë, gjak e djersë. Dimër, ftohtë, frikë. Të gjithë bashkëluftëtarët e mi janë vrarë dhe kanë përfunduar kapicë rrotull meje: njëri me gjysmën e kafkës së çarë e me trutë që i janë hallakatur si salcë domatesh, tjetrit i është bërë trupi copë-copë dhe duket si mëlçia e leskëruar e një elefanti duhanpirës, një tjetër ka humbur këmbët, të cilat jo vetëm nuk po i kërkon më, por as që pyet fare se kush ia ka marrë, sepse tashmë shpirti i tij ka shkuar në parajsën e ushtarëve, një tjetër akoma ka humbur duart, kështu që edhe po të jetë sadopak gjallë, nuk do të ketë më mundësi të kruajë veshët apo të fusë gishtat në hundë. Kutërbimit i jashtëqitjes së përzierë me gjak, djersë e lot, tashmë i është shtuar edhe kutërbimi i të dhjerave nga frika apo nga nevoja, një erë kjo që më kujton se përjetësia na paskësh qenë më afër nga ç'e kishim pandehur.

Kam ftohtë, kam uri, kam gjumë, por mbi të gjitha kam frikë, kam aq shumë frikë, sa po të kisha mundësi t'ia shpërndaja frikën time tërë njerizimit apo asaj pjese të njerëzimit që ka tepruar nga vdekjet nëpër këto llogore të qelbura të kësaj lufte të qelbur, çdo njeri do të ndjehej frikacak në masën e nevojshme, aq sa për ta vlerësuar më së miri rëndësinë e jetës e madje për ta vlerësuar aq shumë sa për të ndenjur sa më larg shesh/eve të qyteteve dhe katundeve, ku mund të flitet për shkëlqimin e idealeve që, fatkeqësisht, gjoja mbërrihen veç nëpërmjet luftës.

Kam ftohtë, kam uri, kam gjumë, por sidomos kam frikë. Aq frikë sa, po të kisha mundësi ta shihja fytyrën time në pasqyrë, fillimisht do të më binte pika, por pastaj, me të ardhur në vete, do të kisha nisur një luftë të re, që meritonte të quhej lufta e pasqyrave.

Për fat bota është e mbushur me mrekulli, me aq shumë mrekulli sa, po të na jepej aftësia për t'i parë, do të na dukej sikur po shihnim rrebeshin e një shiu prej meteorësh. Por ne nuk i shohim dot mrekullitë. Më e shumta fare ndjejmë brenda qenies sonë ndonjërën prej tyre. Si kjo mrekulli që sapo më ndodhi mua. Kuptohet që nuk e shoh, por veç e ndjej. Është një mrekulli aq e lartë, sa më bëhet se, më së paku, njëra nga veglat e torturës, të ftohtit, m'u hoq qafe një herë e mirë. Ndjej një valë ngrohtësie që ma përfshin trupin. Ç'them, jo vetëm trupin, por tërë qenien. Fillon nga poshtë, por ngjitet pajada deri aty ku mendoja se ishte zemra. Them "ku mendoja se ishte zemra", sepse deri në atë çast, ngaqë s'më kishte mbetur pjesë e trupit që s'më dridhej e fërgëllonte, përfshi edhe kërcëllitjet e dhëmbëve, s'kisha asnjë mundësi ta dija se ku ishte zemra. Pra qenia m'u pushtua nga një valë ngrohtësie, e cila ishte me siguri pasqyrim i ndonjë realiteti hyjnor. Ngrohtësia e bekuar që më kaploi, dukej sikur kishte pikënisje thjesht fizike, por nuk ishte ashtu, sepse ajo dëboi prej meje frikën, urinë, gjumin dhe më ndezi shpresën e jetës, shkëndijën e një entuziazmi të paparë. Ky entuziazëm më vë në lëvizje zemrën, mendjen, shpirtin, guximin. Edhe guximin. Sidomos guximin!

Mbush armën dhe duke lëshuar një sokëllimë stentoriane, një prej atyre britmave vigane që lëshon natën një luan i rrethuar nga një lukuni hienash, të cilave u duken vetëm sytë nën dritën e hënës, një britmë që e dallgëzon furishëm barin e savanës,

10

nis të qëlloj si i tërbuar pa i dhënë kohë vetes ta kontrolloj në mënyrë të arsyeshme e sadopak njerëzore saktësinë e qitjes.

Britma ime luftarake më zgjoi trimërinë nga thellësia e qenies. Kjo trimëri bën që rrethi i syve të armiqve të mi, që janë fare afër, të shpërndahet saora. Ndihem luftëtar i vërtetë. Ndihem luftëtar i pamposhtur. Ndihem aq luftëtar i vërtetë dhe aq luftëtar i pamposhtur saqë më duket sikur kam nevojë për më tepër luftë që ta shpalos në përmasa të plota valën heroike të entuziazmit tim.

Por medet! Kjo gjendje heroike nuk zgjat shumë, sepse befas filloj të ndjej sërish të ftohtë. Të ftohtit rritet e rritet dhe nis të mërdhij si një qen i lagur, të cilin, veç të tjerash, e ka sfilitur edhe beteja për kockën. Mërdhij, mërdhij, mërdhij. Të ftohtët që ndjeja para se të përjetoja valën heroike të entuziazmit nuk ka të krahasuar me të ftohtit që ndjej tani.

Ndërkohë armiqtë afrohen e afrohen pareshtur, derisa zaptojnë llogoren time. Çuditërisht, po fare çuditërisht e mrekullisht, vendosin të më lënë gjallë. Fillimisht dëgjoj bisedën që bëjnë në lidhje me fatin tim të mundshëm. Secili jep nga një ide interesante për të më vrarë në mënyrë sa më krijuese. Propozimet janë këto: të më presin kokën menjëherë, të më presin duart, të më presin duart e këmbët e të më lënë të vdes nga rrjedhja e gjakut, të më ngulin një bajonetë në zemër, etj. Ka edhe ide të tjera që nuk kanë vdekje, por mjaftohen me poshtërim: të më presin veshët, hundën, gishtin e këmbëzës. Krejt papritmas, gjenerali tha: "Ta falim.". "Ta faaliiim?", pyetën të gjithë njëherësh. "Po", tha gjenerali, "sepse ky ushtar tregoi entuziazëm heroik të jashtëzakonshëm".

Vendimi i gjeneralit u mbështet edhe nga një major, i cili tha se as kish parë e as kish dëgjuar një trimëri të tillë. Pohoi edhe një toger, veçse duke shtuar se, sado që entuziazmi ishte i lartë, ishte po ashtu edhe shumë i shkurtër në sasi kohore. "Sigurisht", tha gjenerali, "i shkurtër aq sa zgjat shurra". "Shurraaa!?", pyetën me dhjetëra ushtarë njëherësh, "Ç'hyn shurra këtu?". "Epo, ky njeri bëri shurrën në brekë", sqaroi gjenerali, "shurra ia ngrohu trupin, ngrohja i zgjoi entuziazmin, entuziazmi zgjoi brenda tij trimërinë e madje e zgjoi deri në atë pikë sa që e bëri të hiqte qafe gjysmën e batalionit tonë. Më pas shurra u ftoh dhe ky u kthye në gjendje normale. Vërtet që entuziazmit të tij i vjen era shurrë, vërtet që kohëzgjatja është e shkurtër, por mos harroni: për sa i takon pasojave, plojave, rreziqeve, entuziazmi shurror mbetet forma më agresive e çdo lloj forme të entuziazmit njerëzor.

Lotët

REFIK HALID KARAY

Iu drejtua shërbëtores së sapoardhur:

"Nga gjuha nuk dukesh nga Anadolli. Mos je gjë nga Rumelia?".

"Jam nga fshati Erfiçe. Paska qenë e shkruar të vija deri këtu".

Dukej qartë se dikur kishte qenë bionde me sy bojëqielli. Tash flokët i kishte si të atyre kukullave të vogla nëpër dyqane, që nuk ngjajnë as si fije bari e as si fije floku, por që po t'i prekësh duket sikur do fëshfërijnë, të thata, pa jetë, me ngjyrë të zbehtë. Sytë i kishte të ngrirë si shurupet e dikurshme të sheqerosura, pa shkëlqim, pa jetë, sikur i ishin tharë lotët... Si diçka e vjetër, e fundosur. Nuk kishte parë kurrë sy kaq të tharë. Ishte më se e qartë që kjo grua do t'ia prishte terezinë tani, në kohën e mezes së mbrëmjes dhe rakisë. Dhe mendoi:

"Sapo të gjej dikë tjetër do e heq qafe".

Vetëm se, pasi dëgjoi historinë e saj, nuk mundi ta bënte.

Kur zunë fill luftërat ballkanike, në fshatin e gruas, që ishte shumë afër kufirit, u përhap frika: Po vjen armiku!

Nuk ishte një armik dosido. Ai do shfaroste meshkujt myslimanë dhe do poshtëronte femrat myslimane. I gjithë fshati vendosi që të linte pas gjithçka, shtëpi e katandi e të merrte arratinë menjëherë; u bënë gati kafshët, kuaj, gomarë, karroca, çdo gjë.

Vejusha Aishe qëndroi drejt mbi kalë. Pas saj rrinte djali pesëvjeçar, me duart kapur fort rreth belit, përpara vajza trevjeçare, lidhur nga gjunjët pas shalës së kalit, dhe në prehër flinte foshnja, që nuk kish mbushur ende vitin...

Nga kodrat zbrisnin përrenj pa ndalur; shirat e hershme të dimrit... Dihej që po të vazhdonte ashtu, kodra do të përmbytej; përrenjtë do të fryheshin, lumenjtë do të dilnin nga shtretërit, urat do të rrëzoheshin e nuk do mbetej asnjë rrugë e asnjë shteg. Atë natë plot lagështi, një varg njerëzish të regjur deri në palcë, kush në këmbë e kush me kalë, vraponin si e si të largoheshin më parë.

Shpresonin të bashkoheshin me ushtrinë e tyre pa i kapur armiqtë e frikshëm!

Shihnin përpara: baltë, shi, errësirë... Një errësirë e thellë, ku nuk shkrepte qoftë edhe një vetëtimë. Shihnin mbrapa: batak, shtresa uji, natë... Mbanin vesh: nga larg dëgjohej gjëmimi i përroit që fryhej, ndërsa nga afër zhurmat e mbytura të këmbëve që zhyteshin në baltë...

Aishja ndjente se krahët e vegjël rreth belit të saj herë pas here liroheshin.

"Mos fli, Ali", i thoshte , "mos fli!".

Koka e vogël para saj përkulej dalëngadalë drejt gjunjëve:

"Mos fli, Emineja ime, mos fli!".

Pastaj ndjeu lëvizje dhe të qara të lehta në prehër:

"Fli shpirt, fli Osmani im!".

Herë pas here kali pengohej, shfrynte, drejtohej prapë, zhytej në baltë, shkundej sërish e prapë përpiqej të vazhdonte përpara. Ishte një kalë i vjetër dhe i sëmurë. Me kalimin e orëve, toka po shndërrohej në baltë. Ngaqë shiu nuk kish ndërmend të pushonte, shtohej rreziku të ngecnin në llucë ose të mbyteshin nga vala e ndonjë lumi të dalë nga shtrati.

Duke patur parasysh dobësinë e saj dhe të kalit, Aishja mendoi ta linte veten të vdiste e përqafuar me tre të vegjlit e saj. E tmerronte mendimi se mund të mbetej pa kalë, ngarkuar me tri jetë në kurriz.

Dhe kjo ndodhi vërtet.

Zbritën nxitimthi nga kali, që u përkul dhe pastaj u shtri përtokë pa mundur të çohej dot më. Aishen e frikësoi ideja se mund të mbetej mbrapa e vetme, shkëputur nga vargu i njerëzve që vazhdonin rrugëtimin pa u ndalur.

Pasi ecën me ritëm të shpejtë një copë herë, kuptoi se po mbetej pas dhe se ishte e pamundur t'i mbante të tre fëmijët në krahë. Nisi të vraponte dhe të mendohej: për të shpëtuar qoftë dhe dy prej tyre duhej të sakrifikonte njërin, duhej ta lehtësonte peshën.

Po cilin?

Aishja nuk donte ta lëshonte dorën e vockël të Aliut, i cili mundohej të ecte pranë saj, duke u zhytur në baltë deri në gju. As krahët e dobët rreth qafës nuk ia bënte zemra t'i zgjidhte. Ai që kish në duar iu duk sikur nuk lëvizte; ishte lagur, nuk nxirrte zë, sikur ishte pa jetë. Ndoshta kish vdekur nga të ftohtët, nga lagështira, nga mungesa e ajrit. Këtë shpresonte me dhembje të madhe nëna: të kuptonte se njërin e kish rrëmbyer vdekja dhe ta linte diku, në ndonjë vend me sa më pak baltë...

Në gjithë atë kiamet, duke hequr zvarrë atë që mbante përdore dhe atë në qafë, u përkul të hetonte fëmijën që kish në krahë... mbajti vesh me shpresën se nuk do t'i ndjente asnjë zë, asnjë lëvizje, por dëgjoi të qarat e mbytura të foshnjës: "Obobo!", i doli nga shpirti.

Ndërkohë, vargu i njerëzve ish shndërruar në një rrënojë që e zvarriste rrjedha e ujit, duke e përplasur sa andej-këtej. Shumë prej tyre u rrëzuan e u zhytën në baltë dhe në atë errësirë u shtypën nga të tjerët, që u kaluan përsipër. Aishes ende nuk ia bënte zemra ta linte ngarkesën e saj. Fytyra dhe trupi i ishin lagur ndoshta më shumë nga djersët e ftohta sesa nga shiu. Gulçoi. Gjunjët nuk i mbanin më, nuk kish fuqi t'i tërhiqte këmbët prej baltës, qafa dhe krahët i ishin mpirë, gjymtyrët nuk i ndjente më... Mbylli sytë dhe si në kllapi ndjeu se krahu i majtë iu lëshua vetvetiu, duke ia lehtësuar rëndesën.

Tani mbi gjoks kish një tjetër peshë, më të rëndë, por më të ngrohtë, më të gjallë. Ndjeu që merrte frymë dhe e përqafoi: Aliu i ngjante një kufome të tërhequr nga një kalë, nuk ecte, thjesht zvarritej i shtirë, i lidhur pas dorës së të ëmës. Ja, tani e kishte mbi gjoks. U përqafuan të përmalluar e deri diku të lumtur, sikur po ribashkoheshin pas një ndarjeje të gjatë. Arratia ende vazhdonte, bashkë me shiun dhe baltën...

U dukej sikur vraponin; ndoshta disa orë, ndoshta disa minuta. Aishja po mbaronte, kuptoi se do shtrihej përtokë njësoj si kali që kishin lënë pas; donte të ulërinte, të thërriste dikë për ndihmë. Vrapoi sërish dhe, për një çast, ndjeu një lehtësi të çuditshme, një gjallërim e bëri përpara.

Vetëm më pas e kuptoi se nuk i kishte më krahët e vegjël të

15

mbështjellë rreth qafës: edhe Emineja kishte rënë.

"Hip mbi kurrizin tim, Ali", i tha, "mbështillu mirë, më kap fort, mos i liro duart!".

Duke ndezur edhe shkëndijën e fundit të gjakut, duke rënë e duke u ngritur përsëri, mes shiut, djersës e lotëve, eci pa u ndalur. Me gëzimin se të paktën kish arritur të shpëtonte Aliun e saj. Eci me shpresë, duke pranuar fatkeqësitë e tjera, arriti vargun e njerëzve, u doli përpara, i la pas dhe mbërriti në një fshat të vogël, ku valëvitej flamuri me yll e hënë. E uli barrën e saj mbi një arkë municionesh:

"Shpëtuam Ali", tha. "Çohu Ali!".

Aliu nuk u ngrit, nuk lëvizi. Aishja nuk po e kuptonte se kish transportuar një kufomë me orë të tëra, nuk donte ta kuptonte:

"Çohu Ali, shpëtuam Ali!", i thoshte dhe buzëqeshte. Nuk ishte në vete. Buzëqeshte mes lotësh gëzimi, që i rridhnin njësoj si shiu i asaj nate...

Shërbëtorja tregoi me gisht sytë e ngrirë, pa jetë, pa shkëlqim, të tharë:

"Ja kështu, zotëri", i tha, "që prej asaj dite unë nuk qaj dot më. Edhe kur dua të qaj, nuk e di pse nuk më dalin lot nga sytë!".

Përktheu nga turqishtja Besiana Zyfi

Refik Halit Karay ishte mësues, gazetar e shkrimtar turk. Me një aktivitet të gjallë politik, ishte pjesëmarrës dhe lojtar i shumë ngjarjeve të rëndësishme për republikën e re turke në fillim të shekullit XX, si dhe një kundërshtar i "Luftës së Pavarësisë së Turqisë", kundër Greqisë, Armenisë dhe Francës, që u mbyll në vitin 1923. Në 1938-n, pas një amnistie të përgjithshme për të migruarit, u kthye në Turqi, ku vazhdoi aktivitetin e shkroi një numër jo të pakët romanesh dhe botimesh të tjera.

Cikël poetik

ARTI LUSHI

Gjërat që i marrim për të mirëqena

Dashurinë e zotit, familjes, partnerit
Një gotë me një mik gjatë kampionatit botëror
Bukën e përditshme
Çatinë mbi krye

Mirësinë e një thuajse të panjohuri
Fuqinë për të ëndërruar e zgjedhur
Të thuash "po" dhe për të thënë "jo"
Përgjakjen për liri

Shenjtërinë e fëmijërisë
Mëkatet e bukura të rinisë
Një "të dua" e thënë si frut i këputur nga juga
Ethet, pagjumësia e një lutjeje
Një puthje në vragë
Urtësia e tmerrshme e një rrënje në qiell
Shirat e nëntorit dhe...

Një ditë nuk do t'i kemi më
Shihemi në Valhalla, posi.

Anti-poezi

Përkundër,
e thënë qysh në krye të herës:
Ndërmjet Pemës së Jetës dhe kureshtjes artistike,
shtrihet një magjistricë me krye njeriu dhe sy ngjyrë gjumi.

Tash,
tek avitet, përfytyrojeni
dhe poezinë më të bukur këndon.

Lyudmilla Ignatenko, Çernobil

Im shoq ka gëlltitur ferr,
im shoq ferrin ka gëlltitur.

Dua ta përqafoj për të mbramen herë,
por, medet, një tjetër ferr na ndan:
i paanë, si lavdia e tij, rrnoftë Bashkimi Sovjetik!

Im shoq ka gëlltitur ferr,
unë kam gëlltitur tim shoq:
shtatzënë¨, veç gjaku e Hyu
e dinë që jam.

Pripiati pllakos mbi qiell,
ashtu si terri në shi.

Çajniku vlon e vlon.
Ende...

Ferri zgjohet.

* * *

Kahmos shoh njerëz të përvuajtur,
nëpër rrugë, stacione, spitale... gjithkah.
Dua t'i përqafoj, t'ua puth duart me kallo,
pse jo, t'ua mbaj vetë thesin me halle.
Mirëpo mëdyshem; ndrydhem.
Kam frikë mos më injorojnë a më marrin për të çmendur.
Kështu dhembshuria ime merr trajtë hipokrite:
Vë syzet e errëta dhe qaj. Qaj!
Aq sa edhe zëri përligjës i ndërgjegjes ungjillore,
më vjen si fishkëllimë nga fundi i pusit.

Metafizika e një gjelle

Tani që nëna po kavërdis ca kraklla mishi
dhe fqinji po e poshtëron të bijën në dialekt,
një brerje e thiktë ndërgjegjeje më sikteris;
(Diçka mes lemzës
dhe çapit kur shket huq ndër fille ëndrrash)

Por trazimi nuk zgjat më shumë se herët e tjera.
Kësisoj unë kthehem në trupin tim,
në realitetin fizik,
dhe hedh sytë tek libri i hapur që mbaj në duar,
ku, si gjithmonë,
po me atë gabueshmëri të përpiktë hutimi,
më duhet të rilexoj një apo dy paragrafë.

* * *

Ngrihu, ngrihu dhe lartësohu në qiejt më të epërm
a pastrohu në ujërat më të thella, ti e di!
Veç largohu sa më parë atje ku
lajkat e mira, buzëqeshjet e shtira frymën s'ta ndrydhin,
atje ku koha nuk ia ngul dot gozhdët fatit,
atje ku është i harruar emri njeri
e ku pakuptuar shkëmben shqisat me hyun tënd,
me qumështin e athët të akacjeve ndër buzë,
si fëmijë i trallisur të rendësh zbathur në zabelin e pafund.
Të shkundësh çdo pemë me fruta që rrugën ta pret
dhe duart t'i kesh gjithë rrëshirë̈ e pickime bletësh,
të puthësh çdo imazh tek ëmbël zhduket,
ta tradhtosh atë me çastin që pason.
Të qeshësh me syrin Nil, të flasësh me heshtje yjesh,
a të ndjesh mall për mrekullitë që do të ndodhin,
ti e di, mjaft që të lartësohesh; ashtu siç ta lyp shpirti.

Në t'sëmës

Në djall vaftë kjo heshtje, që palcën po ma gërryen;
Në djall edhe ti Venerë, që me hiret e tua më çmend;
Në djall pulëbardha e Anakreontit;
Në djall edhe Nositi yt Lasgush;
Në djall faturinot e urbaneve;
Në djall edhe qenushi yt i dashur;
Në djall filozofët e Portikës;
Në djall edhe Ganimedët e politikës;
Në djall kuçka e flijuar e Agamemnonit;
Në djall edhe rrufetë e tua Zeus;
Në djall gjithë kameleonët e gazetarisë,
Bashkë me ta edhe papagajtë e dashurisë...
Në djall krejt vemjet e kësaj bote;
E di çfarë? Në djall edhe ti Sizif!
Në djall edhe ju me këtë globalizëm;
Në djall edhe virgjëreshat vegjetariane.
Pse jo?! Në djall klerikët e çdo feje;
Ndërsa ti, o Zoti im, jo! Jo tani!
Në djall demokracitë industriale;
Në djall edhe mbingrohja e planetit;
Në djall vrima e ozonit;
Në djall edhe tabuja e virgjërisë;
Në djall çdo Junë që zemra lëndon,
Në djall edhe ndonjë si unë që i dashuron...
Në djall homoseksualët, bashkë me feministet;

Në djall edhe moralistët dhe kritikët;
Në djall amvisat moderne, që as konservat s'hapin;
Në djall edhe ora e ndarjes nga Itaka...
Në djall Coca-Cola me Deklaratën e Pavarësisë;
Në djall edhe nafta në Lindjen e Mesme;
Në djall ata që të vërtetën nuk e thonë;
Në djall edhe ata që me "thonjëza" shprehen e në thonjëza gjallojnë.
Në djall gjithë virtytet e Argjirosë;
Në djall edhe kanuni i Dukagjinit;
Në djall Borëbardha me shtatë tutorë;
Në djall edhe psikiatriku i metalurgjikut...
Në djall Karta e të Drejtave e Lirive të Njeriut
Në djall edhe krushqitë e lidhura qysh në djep;
Në djall gjithë inteligjencat ushtarake;
Në djall edhe normat, pra, veset e shoqërisë...

Në djall edhe ti, o djall, që si muzë e panjohur,
në shpirtin tim shpretkën tënde mbjell
dhe mllef e vrer si sukses prej aty korr!

Cikël poetik

DESANTILA QERIMAJ

Hana jonë

Ti ende përpin hanë shkrimesh t'zbehta
var andrrën paksue drite
në skica randue plumbi.
Pendët e mia t'rame flirtojnë para nesh
si drejtësi e mallkueme fati.

Un' bahem zog pa erë.
Nji zog pa erë asht zog pa flatra,
nji njeri pa kujtime asht njeri pa vedi,
nji njeri pa mund asht njeri i përtesës.
S'ndryhet zemra sikur s'asht dritore flladesh.

Koha kur hana mjaftonte, shtegtoi e pangime.
Mendja jeme përgojon peshë trupi, morte
dashni e urrejtje, liri, hekura.

Hana jonë po gulçon për diell.
Mue t'kundërtat m'sulen mbi shpindë
me pasion demash.

Fjala

Ne fjalën e përshkuem n'gjylpana t'holla
përkdhelëm boshin me oaze
lot ku vetmia asht qyqe
as rrena, eklips i magjepsun
s'mundet me e mbarue tjerrjen e pëlhurës.

Ne fjala na krijoi!

Kur fjalën e tradhtuem
na mësoi trishtime t'egra
helmin e heshtjes s'marrë
vrasje lumtunish t'ambla
largsinave t'pushtetshme
ushqeu grunin e njomë
dorzue mallit tonë, n'zor e unti.

N'akuj bore e mundimi, fjala,
çdo herë na bani edhe ma fjalë
armë që s'dijtëm sa shumon
ferr tjetër, dhena tjerë
dështime tjera, bukurina tjera.
Rrjedhshmëni e forcës, e s'vërtetës
fillim i përmbytun darkash t'fundme
shkëlqim i pakapshëm, lëmue buzve.

Fjala, qysh n'krye të herës
na nisi ditve të kthimit
qindra herë frymuem pak ajër
mandej gjysën e frymës, mandej fundin,
mandej lehtsinë e ujshme.
Mandej na riktheu prap n'asgja!

M'u kuptue, pse fjala asht fjalë,
me vazhdue me shkrue pse fjala asht ne.

E huej

Jam puls n'tokë t'huej
valë tue rritë dallgë n'takime amorfe
njisoj isha, përhumbë vegimit e orëve t'nanës,
hamendjeve t'fminisë.

U bana grue tue mbjellë ar baltës, e pengohem
tue numrue jargavitje t'cekta
maska punue keq.

S'më falën mëshirë kur mësova se e rrejshmja ther!
Ther po ju them!
Edhe pse e pan' tek mpreh ashtin me zhurmë aq të fortë
sa n'nji çast shpërbahem, s'jam ma vedi
s'mbes as fmija, as e hueja,
veç njeri i lindun.

Peng

Shiu ra syve tuej lindë prej trupit tem
dehja e mallit gjak i përvluem.

Lajtmotiv toke tjetër burim i fjalës
si bari, s'asht kurr i joni
i thamë, i ri,
mban peng
na tejkalon,
gjallë e dekë.

Në vjeshtë...

Në vjeshtë kalben gjethe t'paputhuna me vesë
ne ndalena n'pritjen e flladit
që i ngjason nji fotoje t'humbun.
Gjatë pritjes mohoj shpejtimin e mjegullës
vokem, ringjallem, pa nesër.

Mendohem qendër e avullt, masa e qytetit
n're t'pabesa flen spërkatë.

Pajtoj velje historish
kujtime luledelesh,
kjo natë, "Më don, s'më don!"
kët mjegull: "E due, s'e due!"

Çdo kalim tërhjek rrëshqanë orë fluide
malli jem i njelmët rrotullon
askundin e pafundsisë.

Në vjeshtë fillon ngricë kurmesh që s'puthen
zhbardhet ftyra e mendimi

ky shërbtor orësh të gjata,

përkulet mbas koncertit tem drithnues tue thanë:

"Mos e prek ndërrimin e stinëve,

don me ardhë prap pranvera".

Prandej un s'guxova me pyet;

"A thue çrobnohen ndjenjat

ndërsa jepena rranjësh n'tokën e fundit?".

Bukuria ndryshon

Besova gabim se bukuria s'ndryshon
e me neveri prej ithtareje t'shejtë
daltoja pa talent mermer t'thyem.

Mallkova format e vjetra.
As dalta e pasionit s'i njet!
Ndjeva se jam djall në kurth
e mora thikën me e vra.

Po gjeta teh të butë,
shekuj ndjenjash jetime
ndye dëshirash t'kullueme.

Me teh të butë s'kisha çka me mbytë.
Me teh të butë, ishte vonë me vra çka ikë.

Partitura e heshtjes

Partitura e dhomës asht sot lojtare virtuoze,
gjithçka e përsosun, çpluhnosë, pastrue, ujitë.
Po ma tepër, partitura luen harresën tande,
lëndimin tem, valle e kujtime,
gota plasë n'kulmin e haresë.

Mund t'luej tash,
ftyrën e mbretneshës në zhgënjim
e t'bërtas, "Kputjani kryet çdo dhimbjeje!"
Mundem me rikujtue vajzën e maleve
zanin e lirisë, magjepsjen e barit
e m'u lutë, "Ujiteni çdo lule!"

Po partitura e dhomës asht sot lojtare virtuoze
s'i tradhton masat e mia n'përsëritje
harresë derdhun
lëndim i shkrimë
aktrime t'përkora.

Harresë derdhun
lëndim i shkrimë
aktrime t'përkora.

Ku pushuen fjalët

Si hon shpërnda nadjeve t'rinisë
prekje me rregull e delikatesë
fjalët që u munduen me krijue
yje që ndër buzë na digjen
male ku mendojmë gjatë
livadhe ku xen fill jeta
kopshte frymzuese
shi ndër gjymtyrë.

Po fjalët
s'rrijnë gjatë n'nji vend,
n'fund, mbas shiut,
për dhembshuni
o rregull mbijetese
u ndalën n'nji lule
tue kullue stinë t'këputuna.

Ti e din

Shpirti s'mbushet
me histori t'braktisuna
varë ndër mure harrese
gurë hjedhë vdekjeve t'zemrës mbas shpinde
po me manushaqe ndër parqe dendë me freski
tue shpërthye ankthin e mshehun t'nji jete.

Askush s'mundet me na çue drejt tij
ma shum' se shpresa n'pasqyra t'lotve.

Shpirti s'mbushet
me sy t'idhtë prej territ
as engjuj tue qeshë pa ja dà
kurrkush s'mundet me na e dorzue
n'liri të pendesës ma shum' se shterja e unit
djepi ku përkundim hinin e kangëve.

Kur shpirti pushon
n'mahnitjen e trishtimeve tona
sa larg vdekjes jena.

"Sherr mes poetes, skenaristes dhe regjisores"

INTERVISTË

Suela Bako

Suela Bako është aktore dhe regjisore, fituese e dy çmimeve ndërkombëtare dhe me shumë arritje të tjera në teatër dhe film. Megjithëse ka pasur gjithnjë dëshirë të shkruajë, asnjëherë nuk e ka kategorizuar veten si letrare. Aktulisht po punon me skenarin e saj të parë të gjatë dhe po përgatit për botim librin e saj të parë me poezi.

Intervistoi Dritan Kiçi

Intervistuesi: *Në një jetë tjetër, kë do zgjidhnit ekskluzivisht Poezinë apo Skenën?*

Suela Bako: Ah, nuk ma kanë bërë kurrë këtë pyetje. Nuk di a e meritoj këtë pyetje. Skena është ëndërr e hershme, por falë jush po kujtoj që poezinë e parë që kam shkruar ka qenë diku në klasë të katërt, mbase të pestë. Ka qenë një poezi e frymëzuar nga "Zogu dhe djali" e Naim Frashërit. E kam diku në shënimet e mia. Ajo që mbaj mend pas saj ishte se (nuk di si) m'u duk vetja poete dhe njëkohësisht 'kopjace'. Por ishte bukur të kopjoje Naimin, 10 vjeç... Skena! Datonkërka shumë afër kësaj moshe, por ëndrrat i kam parë e lidhur pas saj. Marrëdhëniet me poezinë janë zhvilluar shumë menjëherë pasi i lejova vetes të ndaj ndjesitë e mia në rrjetet sociale, ndjeva njerëzit se si njehsoheshin me ndjesitë e mia, më mbështesnin, më motivuan shumë. Fillova të guxoj më shumë, fillova të shijoj më shumë të shkruarit, 'pa rregulla', me intuitë dhe sinqeritet. Besoj se sinqeriteti është themeli i poezive të mia, e vërteta që fshihet mes rreshtave. Poezia nuk është profesion, është dhomë rrëfimi dhe njerëzit që më lexojnë janë kulti ku jepem dhe ndihem mirë.

Duke e konsideruar intervistën me ju si një dhomëz rrëfimi, po shpreh për herë të parë se do zgjidhja poezinë në një jetë tjetër. E dini pse? Poezia është nga ato forma të artit (nuk është një lapsus 'artit') që bëhet vetëm... Më mungon shumë hapësira personale, ndihem e lodhur nga socializimi i tepërt që më karakterizon. Ndërkohë po ju rrëfej se aktualisht, dy vitet e fundit, i kam shumë borxhe poezisë sime, hapësira për veten ka qenë thuajse afër zeros, jam në atë momentin që më duket se nuk do mund të shkruaj më kurrë. Poezinë e kam si ditar. Izolimi dhe pamundësia për të pasur një të përditshme të organizuar me ritmin tim më ka futur në një letargji pak shqetësuese, uroj shumë të jetë kalimtare.

Intervistuesi: Poezia juaj ka një tingëllim teatral; është ky i qëllimshëm, apo vjen natyrshëm nga tërësia juaj artistike?

Suela Bako: Edhe kjo vjen për mua për herë të parë, si shënim ndaj poezisë sime. Nuk besoj se jam aq e zonja sa të bëj gjëra të qëllimshme në poezi, me përjashtim të rasteve kur dua të transmetoj një brengë, një emocion, një qëndrim. Tingëllimi besoj se është reminishencë e ritmit në kokën time në momentin që shkruaj, një lloj 'stilistike' nisur nga ndjesia që zgjon arsyen për të përcaktuar një rimë, apo përshkallëzim, apo përsëritje... është një lloj rituali... shumë e saktë ajo që thoni; teatri, në konceptin tim, lidhur me të është një ritual, mbase këtu më bashkohen të dyja. Mbase në nënvetëdijen time flenë ditirambe, tamtame, të kushtëzuara nga skena... nuk e di.

Intervistuesi: I mbani mend përmendësh poezitë tuaja, ashtu si dialogët e skenës?

Suela Bako: Jo, nuk i mbaj mend. A është normale kjo për një njeri që shkruan? Nuk mundem të riprodhoj thuajse asgjë nga gjërat që shkruaj.

Intervistuesi: Mes poezisë dhe skenarëve, ku e ndjeni veten më rehat, më të qetë?

Suela Bako: Oh, skenarët! Janë një përpëlitje e pafundme, jam në krizën e draftit të tretë për një skenar që kam në dorë prej tre vjetësh, mbase dhe ai më ka kontraktuar muskujt e poezisë. Skenari është sfida ime, poezia është kulti ku falem e vë në gjumë brengat. Do doja shumë të rritesha në fushën e skenarit, ka të bëjë me atë marrëdhënien me veten që ju thashë më sipër, duhet të bëhesh fli... të jesh një asket, por për një mama që do të bëjë shumë gjëra njëherësh duket ende e vështirë.

Intervistuesi: Ju ndihmon drama të shkruani poezi, apo poezia të shkruani dramë?

Suela Bako: Unë nuk di të them nëse në poezitë e mia ka dramë, por ka patjetër histori. Ka patjetër një skenë, (përdor fjalën "patjetër", se më rezulton që ndodh gjithmonë që poezitë të jenë një lloj skenëze, tabloje). Nuk di cila sjell kë, besoj se vijnë në mënyrë të natyrshme prej formimit, përvojave jetësore dhe profesionale... nuk di. Duhet të hedh një sy në të gjitha ato që kam shkruar, për të kuptuar si është zhvilluar kjo në vite.

Intervistuesi: Nëse do mund të zëvendësonit jetën tuaj me një nga personazhet e preferuara, cila/cili do ishte?

Suela Bako: Blanshe De Bois nga "Tramvaji me emrin Dëshirë", Tennesse Williams. Jetës sime i ka munguar liria e saj, poezia e saj, drama e saj. Do më pëlqente të kisha jetuar si uji, të kisha provuar më shumë, jetuar më fort, rrjedhur më gjatë... ndërkohë kam jetuar si kaktus... në përpjekje për të qëndruar drejt, e pathyeshme, e paprekshme... Me moshën kuptojmë se jeta është bërë për t'u jetuar jo për t'u sfiduar.

Intervistuesi: A ka sherr mes poetes, skenaristes dhe regjisores? Çfarë tipesh janë dhe kush fiton zakonisht?

Suela Bako: Ka shumë sherr! Shumë stres! Shumë nerv! Secila është xheloze për tjetrën dhe unë jam mes të triave, pa mundur të zgjedh veç njërën e të rritem brenda saj. Ende nuk e kam gjetur me cilën 'do plakem'. Duket sikur kam lindur me peshoren (shenjës së horoskopit së cilës i përkas) në bark;

asnjëherë e kënaqur, asnjëherë e lumtur me zgjedhjet që bëj, gjithmonë në kërkim të asaj tjetrës...

Intervistuesi: Ku shkruani? Keni ndonjë vend të veçantë?

Suela Bako: Jo, nuk kam. Por liqeni është vendi ku e shoh veten të shkruaj, lumi gjithaq... uji që rrjedh apo prek bregun m'i nxjerr vargjet si peshq në rrjetë peshkatari, për hir të së vërtetës, të vetmuar... Një dritare imagjinare, një tavolinë e vockël... një qytezë apo kthinë janë ato ku e çoj veten teksa shkruaj: vendet e mia ideale.

Intervistuesi: Kush është lexuesi i parë?

Suela Bako: Unë. Suela. Nuk kam një lexues të parë e, meqë jemi te rrëfimi, më besoni se shumë nga poezitë i kam shkruar direkt në "Facebook"... krejtësisht amatoreske, e di. Por ajo konfidencë me të ashtuquajturin 'lexues të parë' më ka motivuar shumë, më ka shtyrë të përmirësohem, të vazhdoj më tutje, derisa mbërrij në këtë moment ku ju më drejtoheni si poete e më përkëdhelni sedrën. Nuk besoj se e meritoj! Ka qenë një kohë kur i vura vetes detyrë të shkruaja çdo ditë, vendosja një lajtmotiv 'tentene', 'peshk', 'hënë' a nuk di çfarë më lindte në mendje atë ditë dhe derdhesha mbi të... Ka qenë ushtrimi më i mirë që kam shpikur dhe më ka mbajtur gjallë gjatë.

Intervistuesi: Kur i lajnë rrobat regjisorët? Jeta e aktoreve dhe poeteve është aq glamoroze sa duket nga larg?

Suela Bako: Ah, preka pak më lart se unë jam një mama... ndër të tjera dhe një mama paksa e çmendur, që deri para pak kohësh "hekuroste dhe çorapet", pastaj kuptova se jetohet dhe pa hekurosur, kur dëshiron të bësh gjëra më të rëndësishme se kaq... Me këtë "mama" nënkuptoj grua, amvisë, bashkëshorte... këtë të fundit e kam neglizhuar pak, se bashkëshorti ka qëlluar shumë bashkëpunues dhe i mirëkuptueshëm. Regjisorët i lajnë rrobat çdo ditë, gatuajnë, pastrojnë, edukojnë, kujdesen për lulet në ballkon, bërtasin, nervozohen... Kur bëjnë skenaristen mos u dil përpara në rrezen e shikimit dhe as mos b'za, se mund të shpërfytyrohen. Përpjekja për të qenë e mirë në gjithçka bën, ka kosto të madhe dhe është frustruese, e pamëshirshme, por deri tani qëlluam gjallë, me ca neurone të djegura... por mbahemi. Jeta e aktoreve dhe poeteve nuk di si duket nga larg, por është e lumtur për aq sa je e frymëzuar përpara laptopit dhe zotëruese e karakterit që luan, si unë në ditët e mira në skenë. Glamori është shumë i lodhshëm, sfilitës, por pjesë e pandashme e rritjes profesionale, nuk di kush e ka shpikur, por njerëzit janë më të interesuar të dinë të kujt firme janë të brendshmet e tua sesa sa u sfilite për "t'i blerë", për të mbërritur atje... por, falë zotit, glamori shqiptar mbaron te dyqani i bukës poshtë pallatit, atje ku takohemi të gjithë... me përjashtim të atyre që jetojnë në kodra diejsh...

Intervistuesi: *Artistikisht ndihmon, apo pengon jetesa në Tiranë?*

Suela Bako: Si poete do doja te jetoja në Pogradec. Si aktore do doja të jetoja në Shkodër, ka diçka madhështore teatri i atij qyteti. Si regjisore në Tiranë dhe vetëm në Tiranë... askund tjetër në këtë vend nuk do mundesha të bëja gjësend. Veç kësaj ka material boll... Si artiste? Do doja të jetoja në Paris. Tani Tirana po më mbyt me gjithsej, madje më duket se i gjithë ky vend po më mbyt... Shpresoj t'i jem përgjigjur pyetjes suaj.

Intervistuesi: *Kush janë tre heronjtë e tu më të mëdhenj, në poezi, dramaturgji dhe në jetë?*

Suela Bako: A dukem naive nëse them Bërns? Shekspiri dhe mami im? Më pëlqen e para që më vjen ndër mend nga ndjesitë e mia, dua ta lë veten të lirë në to.

Intervistuesi: *Ç'këshillë do i jepje vetes adoleshente?*

Suela Bako: Dashuro fort, lexo shumë, kërce kudo; rrugë, klub, shtëpi... gëzoje jetën pa kokëçarje... ke gjithë jetën përpara për ta privuar veten nga të gjitha këto...

Fotot nga Armand Sallabanda

Cikël poetik

SUELA BAKO

S'më mban kjo enë

Sorra thërret ende mbi pishat kurorë.
Një vit, e njëjta sorrë...
Rrugën e ndërroj,
por tash as rruga përbri nuk më çon askund.
Numëroj cepat që fshehën sahatin "e madh";
(duhet vënë në thonjëza tash)
lutjet që bëja çdo pasdite të gjatë,
veç sorrës s'i dëgjon më askush.
Ora është 4:45, mëngjes,
s'më mban kjo enë,
jashtë era tund tendën si nëpër filma
me cuname,
fëmijët flenë - kështu mendoja - por ja,
dora në shpinën time të ulur mbi kohë...
Për një moment ballkoni im u shkëput,
në qilimin fluturues vetë i dytë,
lundroj mbi qytetin që mola e gërryen;
ç'llambë për ta kthyer siç ish, duhet?

Aladini mbi shpinë më ruan...

- Mbyte atë sorrë! Shtype atë molë!

Fërkoj me qilim llambën-sahat... e fryj!

Aladini zbret poshtë, unë kthehem në sorrë!

2021

I përgjigjem natës tënde

Le të harrohemi ca nëpër natë,
në këtë natë, të qetë, të vetmuar,
nata na jep at' që s'e gjejmë dot ditën,
ndonëse rropatemi duke kërkuar.

Është kaq e bukur nata,
epshndjellëse zgjat gishtat e saj
blu, si ngjyra e syve të tu të nat'të,
virgjërueshëm fton në mëkat...

Dhe un' lëshohem në krahët e saj,
ata krahë të butë e të muskult',
që lehtazi shporrin poteren
dhe njerëzit që rendin drejt meje.

Hapësira është e kthjellët, e paanë,
që ti... të mos humbësh,
që un' të të gjej. Prit! Qëndro!
Mos luaj! Shshsht, mos fol!

(O Zot! S'e kuptoj, pse pikërisht sot,
padurueshëm më ndërpret!?
S'ka ndodhur kurrë kështu. Ti gjithmonë
ke heshtur, përhumbshëm, qetë!)

Mbylli sytë!
S'është nevoja të më shohësh
për të kuptuar që jam.
Ndjemë, jam pranë teje!

S'je më vetëm (si çdo natë)
Jam unë, ti dhe nata, jemi tre!!!
Nata do të rrijë jashtë, sigurisht,
brenda... do të jemi veç ne!

Derisa jeta sosur kish

Në humbëtirën e qenies sime
lakuriq,
reflektuar në copëza të mbledhura
dhimbjesh thyer,
të asaj që dikur quhej pasqyrë
...shoh
veten time të stërmadhuar,
në dhomën e gjumit,
ku bëhen lutje, fëmijë,
dashuri... (ndonjëherë me epsh)
me pasthirrma të paqena
...silueta kurrizesh të kënaqura,
që shohin njëri-tjetrin gjatë... gjatë...
der' atëherë kur e nesërmja të ketë gdhirë
...dalloj
organin tim të trishtuar,
zbukuruar lindjes,
organin tim të vogël, munduar,
fisnikëruar me aktin e tij sublim,
të përcjelljes së lumtur

të fëmijës sim' - KALTRIN
...kuptoj
atëherë që në qenien time
të humbetuar, reflektuar,
pasqyruar, copëzambledhur,
ka lumturi, kotje t'gjumit, qetësi
...besoj
në përmasën e qenies,
në ekzistencën e dashurisë,
në fytyrat e lumtura, sërish,
që shohin njëra-tjetrën gjatë,
derisa jeta, lumturisht,
sosur kish!

30 tetor 2005

Varkë në breg

Lundrojmë në ujëra pa ngjyrë,
turbulluar ç'ngjyrosjes,
në varkën e fundosur në breg...

Dhe kaq e bukur na duket fundosja,
kaq lumturisht e qetë...

31 tetor 2005

Diell vjeshte

muzg ky mëngjes...
dielli hyri e doli si mik i marr'
që përsërit të njëjtin gabim pa ndal'

kafesë i shtova ujë të nxehtë;
ta zgjas kohën me të, t'ia shpëlaj hidhësinë
stomakut t'ia bëj një shërbim

flokët nuk i kam krehur
(ndonjëherë më duket se të gjitha mungesat
zoti m'i plotësoi me flokët)

ja, doli dielli prapë si kaçurrel mes reve
jam aq e marrë
sa më duket vetja diell e flokët rreze
veç "diell hileqar", diell vjeshte

2019

50

Ritual

E kuqe çanta
vishnjë të kuqët e buzëve
-ca i thonë bordo-
ata tipat e pispillosur
të revistave të modës
ku ti nuk del kurrë
grua

Ani pse fort bukur po dukesh
me fustanin e bardhë
me shenjë të zezë nëpër midis
si nishani mbi mjekër
-Ajo me nishan në mjekër-
flisnin në shkollë
kur donin t'i ndanin kaçurrelat e tua
nga të një vajze tjetër

Shenjat ngatërrohen
fluturave të fustanit
që t'i mbulon krahët, gjunjët

e nëpër midis ti zbulon gjinjtë
ai nur ta mbush syrin me gaz tinëz
në sintoni shkundesh
mollëzat cekin jakën, anash

Mbi fytyrë shtron krem, ton
pudër të bardhë, buzëqeshjen...
s'di ç'ndodh
që veç mollëzave
gjinjtë
ngrihen akoma më lart
ndërsa qafa
shtyn shpatullat

Oh, shtron pastaj ruzhë
të kuqët e faqes, e thërrasin për shkurt kështu
një vijë e zezë
blunë e syve
ta bën fosforeshente
qafën thyen kujt sytë ia feks...
rimeli
oh rimeli, të gjithë qerpikët

që lanë dëshira pa përmbushur
mbrapsht i kthen...

Tani, dora kalon mbi flokë...
prekje fatale...
në dashuri me veten paske rënë...
disa herë i bie buzës
nga e majta në të djathtë
nga e djathta në të majtë
shtron të kuqen e përgjaktë...

Të kuqët bie prej buzëve
drejt e në çantë
në krah të bllokut
ku shkruan
kush u mori erë gjinjve
në ëndrrat e tua
Stilolapsi paska plasur
stërpikur boje
ëndrra e natës që shkoi...

Para pasqyrës
ballit ia hoqe një thinjë
me cuksen e vetullës...
s'do e marrin vesh as sot
sa vite ke mbi shpinë
gjunjët therin, por ti s'e jep veten
takave u rri!
Dekolteja ta ndal frymën
Në pasqyrë;
ngre kokën
prush.
me tët shoq përplas sytë
dorën të shkon në grykë
-Zzzzzzzzzzzttt!
Zinxhiri i fustanit zuzit
zzzzzzzzzzzzttt!
Zinxhirin e çantës
ti mbyll...

10 qershor 2019

Trishtimi ka ngjyrat e qytetit tim

Trishtimi ka ngjyrat e qytetit.
Çatitë e kuqe s'duken kund,
dielli përplaset prej sheshit
drejt e në gushën time
- bajagi - me thënë...

Këmbët më shpien
ku kam punë të kryej.
Kokën e mbaj poshtë.
Dy këmbëza çupëlinash përdridhen të bëjnë një foto.
Muri me tulla të kuqe i bankës në sfond...

Këtyre kohëve, një foto në ditë - që s'të përket -
është si vitamina C, në Covid...
Askush s'e di pse; një foto duhet, patjetër!
Ky identiteti tjetër ecën me mua,
në rrugën ku shiten bono privatizimi.

Maternitetin ku linda fëmijët e shembën...
sallën ku thirra aq e bërtita:

"Është imja! Është imja!"
Çfarë dhimbje!
Infermierja te dhoma e pritjes,
-kështu quhej vendi ku matnin centimetrat-
nuk më shqitet nga mendja.

Mamia që priti time bijë,
priti më pas atë që lindi ende pa zënë vend;
teksa unë përsëri bërtisja:
"Nuk e lind dot vetë, doktoreshë!"
Ai kish dalë, me gojën vesh më vesh,
veshur 'këmishë - a mbase s'ish -
ashtu i bardhë
habitej si ende s'e kisha parë…

Dritaret ishin të mëdha! Të larta!
 Lulet kundërmonin dhomën,
kulloshtra e penjtë përvëlonin…

S'është më! Asgjë!

Stacioni i trenit ka kohë tashmë!

56

Ç'rëndësi ka se një fëmijë si unë
e hidhnin nga dritarja të zinte vend?!
Kush ka dert?!
Nëse dua t'u tregoj fëmijëve stacionin
(krejt pranë maternitetit)?

Për herë të parë u arratisa shtëpie me tren,
pikërisht herën kur një bac' - kështu i thonin-
që ngjante me Isa Boletinin a Mic Sokolin,
(ata që ilustronin vjershat nëpër libra), tha:
- nëse vajza ime kish ik prej shpie,
pragun e derës ma s'kish me e pa...

Ah, ai bac' t'gjitha rrugët pre' m'i paska!
N'at prag... me sytë tretur larg,
ata që shkonin drejt lirisë,
s'ngopesha t'u i pa...

Asgjë s'është më!
As pragu!
Si t'ia them bacës këtë?!
2021

Tradhtia

ROMELDA BOZHANI

Ngriti kryet lart e teshtiu. Ajo kokë e rëndë, me thinja të dendura e borë të bardha, me onde të çrregullta në fund, që i futeshin gjithkund, në veshë, në jakë, shall, kapele, u ngrit si flamur vetmitar e teshtiu me sa fuqi kishte. Unë e dija, për dreq. E prisja, si gjithmonë, për dreq. Ja, e kisha parasysh edhe atë veprimin e mëparshëm, kur ai ngrinte sytë drejt dritës. Mbante pezull për një çast kokën, që vazhdonte të dukej po aq e rëndë, dhe çlironte një 'apshuuuu' të stërgjatur, që përplasej duke u gajasur në duart e tij të fuqishme. I vinte gjithmonë përpara për të mbuluar gjëmën që i bënte hunda. Ajo hundë me një formë të çuditshme, e bërë posaçërisht për të qenë ashtu, e zhurmshme, acaruese, gricëse. Hundë e madhe, e gjerë, me pore të thella e të dukshme, e vendosur si dhunshëm në atë fytyrë të gdhendur butë nga dhembshuria, në mes të tipareve të vogla, të atyre syve bojëqielli, përjetësisht gjysmë të mbyllur, që edhe kur mundohej t'i hapte, nuk i hapte dot; "pa prit", thoshte dhe shtrëngohej i tëri për të mbledhur forcat e për t'i hapur ata sy, që mbeteshin deri në fund midhje dhëmbëmbërthyer. Forcat e mbledhura nga stërmundimi i shpërthente herë në të qeshur, herë në teshtimë. I dridhej trupi nga teshtima. Këmbët i ngrinte paksa nga toka, për t'i rezistuar tkurrjes së mëparshme. Ajo tkurrje e përhershme, që t'i grinte nervat. Prej një jete e dëgjoja atë 'apshunë' e tij, rënien e lirë të këmbëve me bum-bumin e zhurmshëm, çjerrjen e fytit, që gërvishte si një saksofon në ditë të fundit. Tashmë i njihja çdo lëvizje. Në fillim më zbaviste ai kanal i ndërmjetëm, hapur mes tij dhe dritës, ndërsa tani më çmendte. Më ish kthyer në një farë rituali, që ndante ditën nga nata, jetën nga vdekja.

"U bëftë dreq kjo punë!", mërmëriti. Kruajti sërish fytin si të ishte në një thertore derrash, pështyu tërë shije dhe ia futi si gjithmonë një fraze gjysmake, që s'dihej në ia drejtonte vetes a dikujt tjetër. Seç kishte me këtë qytet që thoshte se do ia merrte frymën. Era e rëndë e ajrit, ndoshta, mbytëse. Ose zagushia, ose e kaluara e një kënete, ose e kaluara jonë. Unë e dija që do e përmendte edhe atë punën e frëngjyzës, që të zë pa u ndier, pastaj pluhurin që duhej fshirë shpesh, se mblidhej mbi orendi si të jetonim në një fabrikë çimentoje. Bëra sikur nuk e dëgjova. E shihja me bisht të syrit, po mendjen e kisha tek Ana që kishte ardhur për vizitë. Ai e mori me mend dhe dhembshuria iu shpërbë në fytyrë si plastelinë e mbajtur prej kohësh në duar.

Ana ishte ulur në sallon e hidhte sytë sa majtas, sa djathtas. Kërkonte me ngulm një pikë mbështetëse për atë hije të fshehtë padurimi që i lexohej në fytyrë e që, herë-herë, i kthehej në një brengë të vogël. Ai e kishte përshëndetur me dorë dhe me buzëqeshjen e një njeriu përjetësisht të pavëmendshëm e kishte çarmatosur gruan që shkëlqente nga këndi tjetër. Kisha vënë kafenë në zjarr e prisja. Isha aty, në këmbë, pranë saj, pranë tij, larg tyre, me mishin e trupit tim në mendje. Dukej sikur po më braktiste - trupi - dukej sikur po e braktisja. Ana donte të cyste bisedën që, në një çast të caktuar, të pathënë, në mendjen e të gjithëve, merrte një tjetër shteg të nëndheshëm. A kishim folur ndonjëherë për atë shteg, që gërryen atje poshtë, dalëngadalë, si një krimb i butë, i vogël, i parëndësishëm, që asgjë, përveç natyrës së tij të zellshme, nuk e ngarkon me një barrë kaq të madhe, siç është shembja e tokës?! Sigurisht që jo. Përpiqeshim t'i mënjanonim biseda të tilla, që kishin të bënin me gërryerje toke, tërmete, vullkane apo breje ndërgjegjeje. Thellësia kërkon këllqe, ndërsa ne përgatiteshim çdo ditë të luanim me lehtësinë. Ishim vënë aty, cekët e shtrembër, mbi njëri-tjetrin e jetët tona na dilnin shpeshherë tepër. Ngjisheshim e shtyheshim pa kokëçarje e brinjët i ndienim copë. Kërkonim atë pak hapësirë që duhet për të mos u mbytur nga mungesa e ajrit e ditët na ndiqnin si karvan i lodhur, që vonon të mbërrijë.

Nga kolltuku, Ana mërmëriste për pushimet që do bënin me Marion. Më vinin kalimthi fjalë tërë entuziazëm. Ishuj ekzotikë, ishuj të nxehtë. "Të virgjër", shton e shikon nga dritarja lulëzimin e akacies. "Mos u kacavirr jashtë, ne jemi këtu", tundohem t'i them. Po ja që ajo jetë e shpenguar e dikurshme kishte marrë fund. Sa gjëra thuheshin më parë, që tani nuk thuhen! Dikur luanim, tani hetojmë, dikur qeshnim, tani pozojmë. Fjala llastik. Ajo ma lexon mendimin dhe hedh vështrimin te duart, pastaj tek thonjtë, pastaj askund. Seç rendit ca ngjyra për të shitur kontrastin si magji. Rërë e bardhë, det blu, afrikanë të zinj. Kujtohem që, si për çdo vit, duhet të presim degët e akacias që i zënë dritën dhomës.

Përpiqem të ndjek fillin e fjalëve. Humbas. Pres të ndihet zhurma e kafesë së bërë. Ana flet e me çdo kusht kërkon ta zgjasë bisedën. "E ke vënë re që atje edhe dielli është ndryshe? Është ndryshe dhe i kuq", thotë e ngre sytë të shohë nëse po e ndjek në udhëtimin e saj. Kafeja derdhet, unë përmendem. "Më more mendtë", i them e mbledh forcat t'i buzëqesh. E hedh në filxhanë kafenë e mbetur. Dje do të kisha nxituar ta bëja nga e para. Nga e para do e zbërtheja aparatin mbushur plot me llum të zi e të ngjeshur. Pa përtuar do hidhja, si gjithmonë, një lugë kafeje elbi e dy lugë kafeje të hidhur, të bluar ngeshëm e imët, si kujtime të hershme, të harruara, të fshehta. Sot, mendimet bëhen rroba të lagura, të shtrydhura keq e të veshura nxitueshëm. Ngulen si pyka, përpëliten, turbullohen e derdhen si kjo kafe e domosdoshme. Dje do ta laja mirë e mirë makinën e kafesë dhe, nga zhurma e ujit të bollshëm, e qeshura e Anës do më vinte si freski ujëvarash të largëta. Ato ujëvara që unë e ai i kishim parë e që na bënin të tkurreshim përherë, se, fshehtas, mendonim se ç'trishtim na sillte madhështia e tyre. Të dy u ndiem të vegjël përballë tyre dikur, dy pika që avulluan sa hap e mbyll sytë nga ajo masë e frikshme uji që rrëmbente çdo gjë, edhe entuziazmin tonë. Këtë kujtoj sot. Ndërsa dje do ta prisja kafenë me durim, siç pret ai qumështin në zjarr. I derdhet sa herë. E nuk ngutet. Unë vështroj, fryhem, nxehem, zverdhem, firohem, hedh flokët majtas, pastaj djathtas e në fund plas. Se qumështi i tij derdhet, se kafeja ime derdhet, sikur të mos mbanin dot atë pikën e brishtë të kujtesës sonë të përbashkët. Në këtë çast, kujtesa derdhet e unë e shoh si të ishte e tjetërkujt. Një kujtesë që s'e njoh, s'e marr dot më përsipër. Peshon, rëndon si të ish një thes. Të zhyt e në zhytje e sipër kujtohesh se dikur e ke sjell ndër mend këtë çast, që

60

atëherë të dukej aq i kobshëm, këtë çast që gërryen, që zbraz muskujt, që thith palcën nga kockat. Atëherë dhembte zemra, tani kockat. Duhet kohë të mësohesh me kockat, që tashmë të lipsen për të matur lagështinë e ajrit, për të matur trysninë e ankesës sime, që mezi pret të mbysë ankesën tënde. Po ne jemi kthyer në britma të heshtura, ankesa jote lind e mbytur e shkon përzihet përzishëm me frymën e ndenjur të dhomës.

Filxhanët janë mbushur përgjysmë. Ana qesh me të madhe, bën ca shenja me duar si për të hequr një çikërrimë nga ajri e më fton t'i ulem pranë. Hedh sheqerin, një lugë, dy. "I kam thënë edhe Marios", vazhdon, "ato vende janë si kartolina. Dielli është sa gjysma e qiellit, hëna sa një saç i madh, deti mendim i kulluar. Mezi po pres të shkoj sërish". Hesht. Afron filxhanin, mbledh buzët e fryn lehtshëm. Kafeja nuk i bindet, përvëlon. Mbi tryezën e vogël, përbri, qëndron e paprekur gota e ujit, që ia kam nxjerrë për të shoqëruar kafenë. Ia kisha ngulur sytë gotës dhe po mendoja se ishte hera e parë që e vëzhgoja Anën me aq vëmendje dhe këmbëngulje. Vëmendja e fshehur, këmbëngulja e dukshme, Ana aty, në mes, si lozonjare, që përpiqet me sa fuqi që ka të mos zhytet në renë e mendimeve të mia. U zhytën, apo i zhyta, më në fund?!

I shoh të dy, Anën dhe Marion si atëherë, atje, mbi rërën e bardhë, në Afrikën e zezë. E pashë Marion si i kalëroi vitet në një çast të vetëm, teksa ndiqnim shfaqjen e masaive në restorantin tonë. Ishte bërë tërë sy e vesh për të prekur nga afër atë magji që përcillnin trupat e gjatë e të hollë të atyre luftëtarëve të savanave. Luftonin duke kërcyer masait. Ishin vënë të gjithë në një vijë të drejtë, sikur të ishin mësuar prej kohësh me këtë konkurs bukurie që s'u përkiste e pozonin ashtu, të palëvizur, me ata trupa që i ngjasonin kujtesës së gëzueshme të një palme të re. Me një rend, për ne të panjohur, ata hidheshin lart, hop-hop, të gjithë në të njëjtën kohë, herë-herë njëri pas tjetrit dhe ushtat e tyre takoheshin kanosëse, diku andej nga qielli. Të rrëqethnin; edhe luani mposhtej në përfytyrim nga britmat e tyre. Flokët e lyer me baltë, vathët e mëdhenj, varëset që tundeshin me ritëm të rëndë, mburojat që dukeshin si pjesë e hijshme trupi, fustanet e kuqe të atyre burrave, që s'dihej në vinin nga malet apo legjendat, e kishin gozhduar Marion, që ndoshta, atë çast, duke u ndjerë copë toke, copë qielli, duke u ndjerë pjesë tregimi i papërfunduar, kishte vendosur të harronte. Nata nuk arriti të maskonte çdo përpëlitje, çdo dhembje. Nën dritën e mbytur të qiririt i shihej nervi që i rrihte në tëmtha. I ndihej kërcitja e dhëmbëve. Më dhembi edhe mua ai shtrëngim nofullash, që e kujtova për vite të tëra, ashtu siç kujtoja shijen e ushqimit të asaj nate. Çudi! Mbes për një çast kur kuptoj se edhe të ngrënët kthehet në kujtim të së kaluarës. Si ishte ajo salca në atë restorantin malezian, që ndodhej aty, mu në zemër të Afrikës?! Një salcë e kuqërreme, e trashë, damarë të fryrë, e mpiksur, sfond i përgjakshëm mbi të bardhën e brishtë të pjatës. Atëherë më kishte bërë përshtypje ajo salcë që mbulonte pa mëshirë delikatesën e karkalecave të detit. Habia ishte shtuar me kafshatën e parë, kur të dukej sikur sapo kishe ngrënë piper djegës, me të dytën, që e zbuste të parën e kështu me radhë, deri te kafshata e fundit, që ëmbëlsonte gjithë djegësirën e dukej se zjarri i mëparshëm s'ekzistonte më, ishte fashitur, por më vonë ndihej që vatra kishte mbetur tinëzisht brenda teje, në kraharor. Ndërsa në gojë të mbetej shija e mrekullueshme e një karkaleci deti të sapodalë nga oqeani. Ti u marrose pas asaj kuzhine që s'e njihje. Ana e harroi sqimën e kërkoi sërish e sërish. Fytyra i shkëlqente nga entuziazmi, nga dëshira, nga ai i nxehtë që, o zot, s'dihej si të ngjitej gjithkund nëpër duar, faqe, trup, në kofshët e saj mbuluar me një pëlhurë të hollë, në ata flokë të zinj, që era e djersës i kthente në litarë tundimi. Ishte ajo, jeta e dikurshme, e çlirët, e shpenguar, çakërdisje pushimesh, që na kishte bërë bashkë të katërt. Ishin ato pushime, ajo salcë. Ai ajër i nxehtë mbushur me grimca pasioni të shpejtë, pa peshën e një toke të njohur, të një jete që të përket, që e ke marrë përsipër, që të merr përsipër. Ishte nata e lehtë e një tundimi që s'harrohet, që preket përciptas, po që mbetet aty, thellë. Një natë e mbushur plot, po që s'rritet, as nuk vdes, vetëm kujtohet, në heshtje, në vetmi. Ishte i Anës ai çast. Mua më mbeti kujtimi i dy hijeve që zhdukeshin në errësirë, mërmëritja e valëve që lëpiheshin vazhdimisht dhe adhurimi i Marios për masait. Ai pret duke i rënë tryezës lehtë me gishta.

Përpiqet të mbajë ritmin, të mos humbasë asnjë britmë në atë teatër kanosjesh, që trondit me mijëra grimca rëre të ngritura në ajër. Ajo valle lufte nxit, zapton, thith nxitueshëm burrërinë, mbush spektatorët, shtresa-shtresa, me ndjenja primitive, që flenë brenda teje, thellë-thellë, që zhyten e vdesin, akoma më thellë.

"Po vonohen. Mos janë ngatërruar, ndoshta?!", pyet ai pas pak dhe harron të kontrollojë gishtat.

"Po vonohen, ndoshta janë ngatërruar", i përgjigjem.

Përpiqem të mos e shoh në sy. Mario kthehet në pozicionin e mëparshëm. Kërcimi mbaron, gishtat mbajnë ritmin e mendimeve. Masait janë djersitur, u merret paksa fryma, por hareja e tyre është e njëjtë si në fillim, kur lëkura u lëshonte atë erën e çuditshme të natës afrikane. I lë të shuhen ato britma shpërthyese. Tani më duken si britma pafuqie. Mund edhe të mos flisnim unë dhe Mario. Ritmi i shpejtë i kërcimit tjetër do na i mbyste fjalët, do na copëtonte me pritjen. Arti i pritjes na mësoi durimin, na bëri të mençur e pikërisht atë çast mësuam se mençuria, shpeshherë, e mbyt pa të drejtë primitiven, atë instikt prej njeriu të gjakosur që kërkon të ulërijë, të ndeshet dhëmbë për dhëmbë, të gjakosë edhe ai, me sa fuqi që ka, me ca thonj të gjatë e të pagdhendur, që s'i pret qysh nga koha kur jetonte nëpër shpella. Sa kohë kishte kaluar nga shpellari te njeriu i zhvilluar e i shushatur?! Dyzet mijë vjet, apo dyzet minuta?! E ç'rëndësi ka?! Shpella jonë kishte rënë, na kishte zënë poshtë e ne s'e kishim ndier. Dhe kjo ndodhi sot.

Në kthim, ata kishin përgatitur shpengimin. Një dorë e shkujdesur që prek si rastësisht një dorë tjetër të shkujdesur, një vështrim i beftë, që dëshiron, që epet sërish e sërish në fshehtësi, atje në breg të detit ku strehohet nata. Para nesh, dy hije të përpëlitura që mishin e tyre e kishin lënë gjetiu, atje, ndoshta ku rëra e bardhë i binte me turp nga flokët dhe hiqte dorë e sfilitur nga rrobat e tij të zhubrosura. Në këmbët e saj djersinte epshi.

Ja, sërish ajo. Po sot ndiej atë peshë pupël mbi kolltukun tim. Në këtë çast, Ana hap krahun, lëviz dorën në drejtim të gotës me ujë. Mua më duket një lodhje e tërë, përpjekje çnjerëzore për t'u dukur njerëzore. Merr gotën dhe e rrok të gjithën me gishtat si tentakula elegante të një oktapodi të mrekullueshëm, të sapozgjuar nga gjumi. Sikur gota të mos ishte e tejdukshme, ajo dridhje e lehtë e ujit nuk do dukej, nuk do tradhtonte, edhe pse ajo e mban me kujdes, sikur të jetë hera e parë që pi ujë në jetën e saj. E sheh, mendohet, e vendos sërish mbi tryezë. Përpiqet të lëvizë mendimet me duar. Përfytyroj që, sikur ta pijë ujin, buzëkuqi i saj do të lërë atë shenjën e paqartë të mëkatit në buzët e gotës. E dija që ajo gotë do të bëhej mburoja e thyeshme, e brishtë e një moskokëçarjeje të qepur keq, ashtu, në të shkuar e sipër.

Ana, dukshëm, kërkon të fillojë një bisedë tjetër. Flet për Marion, i cili, që kur është kthyer, nga stresi i punës, ka filluar të flasë duke zëvendësuar të gjitha zanoret me ë-në. "Se si flet", thotë, "çuditshëm". Imiton: "'Të prëmtën të lëmë tëkim për ënëlizët. Vëksinë ë ëthëve të vërdha dë këhë. S'dëhët të hërrësh ëdhë vëksinën ë mëlërjës' - dhe ec e merre vesh se flet për vaksinën e etheve të verdha dhe të malarjes", ia bën duke qeshur. Duket e argëtuar, edhe pse në fillim kishte menduar se, këtë devijim gjuhësor, Mario e kishte nga ndikimi i gjuhës së atij vendi të largët ku punonte prej disa vitesh. Më vonë e kishte kuptuar se shkakun duhet ta kërkonte shumë më pranë, si aty, për shembull, nën lëkurë. Ajo përçartje, ajo gjuhë, në dukje e çoroditur, ishte shenja e parë e kthimit në fëmijëri të një burri. Është rikthim tek ajo gjuhë nëne, që për ne mbetet aq e çuditshme, shpesh e padeshifrueshme, përfundimisht e padepërtueshme. Ndërsa, atij, burrit, i duket si kodi i vjetër, aq i njohur, i një dashurie të thjeshtë, i një dashurie të madhe, përjetësisht të humbur.

"U plak dhe Mario", thotë. Keqardhja e bën të largët. Përmendet, kthehet. Merr gotën e ujit me vërtik dhe e kthen me fund. Nga një çast në tjetrin ka fituar përvojën e një luftëtari që mposht.

Unë kam kohë të adhuroj gjithçka të sajën: buzët e plota, sytë e përënduar si në joshje e sipër, buzëkuqin flakërimë, që duket sikur nuk e fshin kurrë. Flet. "Sikur të vinit edhe ju! Pas asaj që ndodhi, do të na bënte mirë një udhëtim tjetër. Është

64

thjesht një mendim...", thotë dhe e zvarrit fjalinë si apatia që më ka kapluar mua.

"Ti e di që s'mund të vijmë, s'mund të lëvizim", i them pak e prerë, për të mos i thënë troç që po e tepronte. Pashë se si u përthye keqardhja në fytyrën e bukur të Anës. Doja të shtoja se ndiheshim më të rëndë se toka dhe dielli ynë kishte marrë përmasat e vogla të një dielli cinik. "Pastaj, kemi qenë një herë andej", më del thjesht, si për ta mbyllur me nder bisedën.

Hedh sytë nga ana tjetër e sallonit. Shoh që ai ngre kryet dhe kërkon sërish dritën. Por e ul shpejt dhe nuk i jep kohë të shpërthejë asaj "pauzës së tij filozofike", siç i quan ai, ato minuta që s'mbarojnë kurrë. Në përfytyrimin tim, "pauza" merr trajtat e një njeriu prej mishi e gjaku, që s'di si e qysh ta kapësh prej veshi e ta hedhësh nga shkallët me shkelma. E njihja edhe këtë lëvizje. Bënte kështu sa herë që nuk teshtinte dot lirshëm. Një herë, në fillimet tona, e pyeta se ç'lidhje kishte teshtima me dritën. Ai mbeti ashtu, i palëvizur, i shashtisur, si një statujë turpi. Me sytë lart e duart gati për t'i bërë barrikadë hundës, teshtiu si i zënë në faj. Atëherë, unë ende shihja tek ai një burrë të pambrojtur e të zënë në grackën e ndriçimit. "Çdo gjë ka lidhje me dritën", më tha dikur dhe u kthye nga unë. "Edhe gëzimi, edhe zemërimi yt", shtoi e më përkëdheli me vështrim. U përpoq të mos përplaste këmbët, por unë, ende pa e ditur ritualin, e përfytyrova atë rrahje toke "bum-bum". Ky ishte një nga ato rastet kur gjesti i mirë i një njeriu të mirë nuk ngjiti, nuk bëri bujë. Kështu mendova atëherë, ndërsa tani, në grackën e ndriçimit, më fut kjo grua e ardhur si pulëbardhë e vonë, e butë, që, herë pas here, cimbit jetët tona.

Dëgjohet zëri i pakët i televizorit. Figura shkon, figura vjen. Ndërrohen kanalet në kotësinë e tyre. Me siguri ai e ka marrë pultin në dorë, si gjithmonë. Numrat nuk shihen më nga përdorimi. Me gishtin e tij të madh, që ende ruan forcën për të thyer një arrë, e shtyp aq shumë, derisa goma e vockël e numrit tre çahet më dysh dhe s'përgjigjet. Është ndarje e dhunshme, mendim patetik për një gjysmë ore gjumë, si vdekje e papritur, pa ringjallje të zëshme, të zhurmshme, që të mbush mendjen me figura të shpejta, nga kanali dy te kanali tre, me brenga të shkuara, që të futen tinëzisht, nga kanali katër te kanali pesë, derisa i jap rrugëzgjidhje atij çasti nervoz dhe ndalem. Mendoj. "Po unë?! Po kujtimi im?!". E mbyll televizorin. Kujtimi im është i pandier, një gjurmë e njohur, heshtje. Kujtimi që lë unë është ajo pecetë e bardhë, e palosur me kujdes mbi tryezë, që shërben si vendpushim i pastër i pultit.

Ai ngrihet duke tërhequr këmbët zvarrë. Shapkat i ngatërrohen e hapi tjetër i rrezikshëm është të kapërcejë shëndoshë e mirë rrugicën, pa thyer ndonjë gjymtyrë. Me dorën e djathtë rregullon pantallonat tërë rrudha. Më kujtohet majmuni ynë i dikurshëm. Zërit tim qortues, majmuni i përgjigjej me një kapje të shpejtë e nervoze të bishtit dhe aq shumë e kruante sa një metër bisht dukej sikur ishte dy. Dhe këtë e bënte me dorën e djathtë. Me të majtën, të përthyer paksa nga brenda, prekte faqet e mbushura me ushqimin që e mblidhte dhe e hante ngadalë orë e orë të tëra. Kujtime të ngulshme, të bluara si ushqim i ndenjur në gojën e një majmuni, kujtime që i përtyp tërë ditën, një jetë.

Majmuni kthente kokën mënjanë kur bezdisej nga humori im i prishur. Vështrimin e ngulte në një pikë të murit të bardhë e unë e dija, majmuni dëshpërohej. Atëherë ulte bishtin e gjatë, ulte kokën e vogël dhe strukej në një kënd çfarëdo të dhomës, si në një degë të parehatshme peme.

S'di pse ky burrë më jep të njëjtën përshtypje. Ul këmbën e majtë, ngre të djathtën, kruhet nga pas, si të ketë bisht, tërhiqet zvarrë nëpër korridor dhe zhduket për të gjetur një kënd të çfarëdoshëm në mëshirën time.

"Iku?", pyet Ana. "Mund të qëndronte... për hir të së kaluarës...", thotë dhe ul filxhanin. Në mendje më përqaset tisi i trishtimit të syve të saj me të zezën e kafesë së mbetur.

"Mos ia vër re! Ti e njeh", i them. Grimcë e panevojshme dobësie, apo pabesie, justifikimi?! "Iku të teshtijë në dhomën tjetër. Atje ka më shumë dritë", shtoj dhe pres që Ana të çlirohet. Në qafë i mbetet, si rruazë e çmuar, tundimi për të kthyer kryet pas.

Poezi dhe skica të shkurtra

ODYSSEAS ELYTIS

Me pikën e parë të shiut

Me pikën e parë të shiut u vra kjo verë,
e u lagën të gjitha fjalët që kishin lindur shkëlqime yjesh,
të gjitha ato fjalë që kishin veç një vendmbërritje... ty.
Para syve të mi ishe dritë
e para dashurisë ishe vetë dashuri,
e kur more puthjen e parë,
grua.
E ku do t'i shtrijmë duart tani,
që as koha nuk na llogaritë më,
po sytë tanë ku do t'i drejtojmë,
tashmë që vijat e largëta të shikimit u fundosën në re?
E jemi vetëm, krejt vetëm,
duke u rropatur në pamjet tuaja të pashpirt.
Se para syve të mi ishe dritë,
e para dashurisë ishe vetë dashuri.
E kur more puthjen e parë...
Grua...

Ëndrra e ëndrra

Ëndrra e ëndrra erdhën
në ditëlindjet e jaseminëve,
net e net pafund,
në pagjumësitë e bardha të mjellmave.
Por freskia shpaloset në gjethe,
tamam si ndjenjat ndriçuese
në qiellin e pafund...

✳✳✳

Ah, që atëherë që pata pengesë një erë,
mësova të udhëtoj me të gjitha erërat.

✳✳✳

Nuk ia di ngjyrën pritjes, vetëm shijen po.
Dhe nuk e kam mbajtur kurrë në duar lumturinë absolute.
Por... e kam prekur.

＊＊＊

Kur është natë ëndërro. E në mëngjes hapi të gjitha dritaret.
Sepse çdo gjë ka të drejtë të ndriçohet.

＊＊＊

O Zot, sa shumë blu harxhon që mos të të shohim.

Përktheu Jasmina Kotrri

Odysseas Elytis është fituesi i Çmimit Nobel në Letërsi në vitin 1979. Me emrin e vërtetë Odysseas Alepoudellis, një poet grek, eseist dhe përkthyes, i konsideruar si një eksponent kryesor i modernizmit romantik në Greqi dhe në botë. Është një nga poetët më të lëvduar të gjysmës së dytë të shekullit XX, me krijimin "Axion Esti", që konsiderohet si "një monument i poezisë bashkëkohore".

Cikël me poezi

AZGAN BERBATI

Botë-femër

Hej, botë,
nishan i vogël poshtë kupës së qiellit,
ti frikë dhe dashni e madhe,
që veç ndryshimin s'mund ta ndryshosh;
Kam shumë mall për ditën që shkoi,
madje për krejt ditët,
se netët janë malli vetë.
Hej botë,
dita ime e parë dhe e mbrame do të jesh,
Grue e bardhë!

Ti, e bukur dukesh,
por, unë lotët kur s'pari t'pashë,
mandej mallin, (etj)
s't'i kisha borxh...

Fjalë që (s)janë thënë

Në kohën që shkoi janë gabimet
dhe vetja e mundur prej tyre,
njeriu kureshtar në pritën e misterit,
një fëmijë që luan me gjithçka,
një fëmijë që ikën...

Është atje ëndrra që i bie shtrenjtë trupit të shpirtit,
premtimi i kujtesës në palë të tradhtisë,
puthja e bronztë, kënga e çeliktë dhe borxhi pa borxhli,
tërë të zgjuarit që lumturisë ia dinë emrin
dhe ëndërr!
(Atje janë edhe ata që qeshin me pasqyrat.)

Njeri mbi një kalë të trembur
është e shkuara.

Pritje

Hënë, ti llambë e vjetër,
që ndrin nën tavanin e shenjtë,
merre këtë rrobë e vishja dashurisë,
vishja asaj që pritjen time duroi.

O, krejt ky qiell galvanizon
në sytë e mi,
zogjtë prej yjesh që shkojnë te burimi
prej nga del bukuria
dhe kallëzojnë ç'kam shkruar për të.

Po ti pritmë se do të vij aty
dhe poemën ta bëj himn
të çlirimit tënd në mua,
të çlirimit tim në ty,
të atdheut tonë,
ku qeverisë dashuria.

Ti pritmë, erëlulja ime!

Lumë i verbër

Te lumi që vrapon ditë e natë,
është zjarri i pajetë,
ëndrra e një ushtari të paliruar
dhe etja e ngrime.

Ah, ti lum i vjetër:
a e ke ditur ç'vdekje e madhe të pret,
teksa thyen kryet i verbër,
në kërkim të së panjohurës (?!)

Mendime të fshehta

Ja, si fshihet atje
mendimi i qiellit
për të dhënë një puthje
prej Medauri
mbi ballin e detit të shqetësuar.

Ndanë dritës me errësirë
qëndrojnë si në shkretëtirë
mendime të pakuptimta
dhe ngjarje që s'kanë për të ndodhur kurrë.

Koha shkruan një ylber që s'njihet nga shirat
pastaj vjen ti e larë në hënë
me heshtjen e thyer në duar
dhe më tregon se kur mbaron mendimi i qiellit;
unë të shoh pa të vështruar
dhe deti rreh brigjet çmendurisht.

Cikël poetik

BUJANA XHINDOLI

Valixhet e mallit

Merrini me vete valixhet e mallit,
mbushur me aroma rudine dhe mali,
shpirtin do t'jua çlodhë rozmarina e kodrinave,
ditëve të zymta përtej detit a oqeanit.

Nëse ditët me shi do t'ju bëhen ferr,
lule vjollca do t'ju erëmojë pranverë,
në braktiseni papritur prej ëndrrave,
shpresën rikthejeni me aromën e lavandrave.

Merrini me vete valixhet e mëdha,
mbushur parfum lulesh shtëpie,
kur shpirti t'ju rëndojë sa s'thuhet,
mallin do t'jua lehtësojë amësimi,

mall që nuk shuhet!

Veç një ditë me vello

Ti, krijuar për t'u dashur
mbrujtur në mijëra zemra
ngërthyer me mijëra shpirtra

Ne, dasmorët shend e verë
të zgjedhurit ndër të tjerë
puthur prej gëzimit të nënës
rritur prej kujdesit të atit

Pas dasmës që zgjat veç një ditë
ta heqim vellon e bardhë
të hedhim një qyrk

Sa pak të duam
o jetë!

Musht vjeshtak

Pres të derdhet buzëqeshja jote
të dehem me mushtin vjeshtak
të rrjedh në sytë e tu me dritë
të vij për ty
aromë gruaje
dhe lind botën që krijuam bashkë
mos kërko falje me sytë zjarrm
as me buzën që thahet si në jerm
lumturia jote është si mushti i atit
çdo vjeshtë, musht i ri

Mjaltëzat

Frikem si ty,
kur tingujt vijnë të metaltë,
gazmendem me ty, kur sytë kristal
kërkojnë diellin, mandej hënën.
Hojëza janë ditët tona:
të plotat janë fëmijëria jote,
ato që presin të mbushen
janë fëmijëria ime.
Mjaltëzat e tua gjallojnë në çdo stinë!

Kthimi

Ka ditë të gjata si muaj,
zemra pushon, kthehet liman.
Ka net të shkurtra si hijet
shpirti humbet si në savanë.

I dua shumë këto ditë!
Po nisem për larg, ku s'pipëtijnë fjalët.

Jam vetëm fillikat në këtë braktisje,
që gris tiset e ditëve përvëluese
e ndez regëtimën e yjeve në galaktikat e zjarrta.
Jam vetëm në gjithësinë time.

Nuk ma ka ënda të kthehem në botën që lashë!

Grahmëza e fundit

Ia njoh syrin e vyer,
dritë e ngjyrë më nuk ka.
Buzë të thata, të palyera,
buzë të flashkëta, pa gaz.

Ia ndiej frymëmarrjen e ndrojtur,
ia lexoj mendimet e heshtura,
dhimbja zë nuk i la,
dhimbshëm zvarrit këmbët hija e saj.

Ia njoh shenjat në lëkurën e thatë
dhe vrajat e moteve që shkuan.
Ia ndiej rrahjet e trembura të zemrës,
që qetëson me dorën si hark lakuar.

Vajza e rritur pa erëmirën e nënës,
tani është gruaja e padashur,
mëma zemërthyer nga kërthiri!
Sëmundja e kohës së marrë
është grahmëza e saj,
prej nesh harruar.

E qelqtë bota jote

U ngjiz në fundverën e një viti të brishtë.
I pari pasardhës erdhi i bardhë,
lëkurë praruar, çeli bukur,
solli shpresë!
Sytë e zemrën ka si mëma,
fjalën e harenë si ati.

Flet ëmbël në gjuhën e fëmijëve,
botën e sheh me shumë ngjyra,
mendimet i ka mbyllur në vete.

Në botën e tij të qelqtë
askush s'mund të hyjë,
veç prindërve të shtrenjtë.

Në sytë e një fëmije,
që lindi në fundverën më të nxehtë,
ne jemi të gjithë të njëtrajtshëm
e s'mund të duam si ai!
    Gjakut të gjakut tim, Aresit.

Tom Kuka

Flama

BOTIME

 Creative Europe

pegi

INTERVISTË ME GAZETARIN
DHE SHKRIMTARIN

Enkel Demi

 FITUES I ÇMIMIT EUROPIAN PËR LETËRSINË, 2021

Intervistoi Dritan Kiçi

Intervistuesi: *Kur e ke shkruar "Flamën"?*

Enkel Demi: Flamën kam nisur ta shkruaj në ditët e para të izolimit, diku nga fundi i shkurtit a fillimi i marsit, kur Shqipëria u mbyll. Por, megjithëse keqkuptohet, libri nuk ka shumë lidhje me dhe nuk është shtyrë nga pandemia. E theksoj këtë, sepse në Shqipëri pati dhe një letërsi "pandemie", që u zhvillua në këtë vit të mbyllur. Thjesht nuk e imagjinoja dot faktin që u mbyllën, as me fantazi; nuk e di nëse jam i vetmi apo ka dhe të tjerë që janë ndjerë si unë. Ky ishte shkaku që më shtyu të shkruaj këtë histori, që është një shkëputje nga realiteti dhe që mundohet me anë të rrëfimit të një ngjarjeje të para 100 vjetësh të tregojë për Shqipërinë e sotme.

Intervistuesi: *Sa të zgjati procesi i shkrimit për këtë libër?*

Enkel Demi: Nuk e mbaj mend me saktësi, por, ngaqë jam gazetar dhe e njoh mirë tastierën, zakonisht shkruaj shpejt dhe redaktimin e bëj po në kompjuter. Nuk është se mbaj ditar për shkrimin, por mund të them se procesi i vërtetë i librit fillon me redaktimin, që si proces ka ngrënë më shumë kohë sesa shkrimi, sepse janë hequr e shtuar pjesë; janë latuar personazhe e korrigjuar gabime... Shkruaj akoma në mënyrë klasike, lineare, nga kapitulli i parë tek ai i fundit dhe nuk para ndërhyj në mes të librit siç bëjnë të tjerët. Nuk e di nëse kjo më ndihmon apo jo, është çështje teknike... Kjo ka qenë pak a

shumë koha dhe procesi kur e shkruajta. Duhet të theksoj se nuk është vetëm puna ime e mbyllur në kompjuter që e bën librin të përfunduar; redaktimi dhe korrektimi gjithashtu janë të rëndësishëm për mua dhe procese tepër të gjallë ku marr pjesë thellësisht... Shtoj e heq, jo thjesht fjali, por ka pasur raste kur kam shtuar edhe personazhe. Për shembull, "Ora e ligë" ka formën e tashme të botimit nga redaktimi, ku i janë shtuar dy-tre kapituj.

Intervistuesi: Subjekti i "Flamës" është frymëzuar nga ndonjë ngjarje historike e shekullit të kaluar...?

Enkel Demi: Kur nisa të shkruaj librin nuk e dija se si do shkonte kjo punë (mbyllja); nuk e mendoja dot që edhe sot pas dy vjetësh do ishim në situata kufizimesh dhe hipoteza e dyshime, por edhe po ta dija nuk do më interesonte shumë, sepse gjithnjë më kanë tërhequr shumë sëmundjet dhe dënimet kolektive, sepse i kam konceptuar si një lloj dënimi për një mëkat gjithëpërfshirës. Pandemia, në këtë pikëpamje, ndoshta më ka ndihmuar me freskimin e kësaj fantazie. Por dua të them edhe diçka tjetër, te "Ora e ligë", fjala vjen, kam nja dy kapituj që përshkruajnë një sëmundje që përfshin gjithë komunitetin. Në botimin në italisht tani thonë që paskam paralajmëruar pandeminë, kurse në Shqipëri për "Flamën" më thonë e vazhdove pandeminë (qesh). Njerëzit në fund fare kanë nevojë për një marrëveshje fjale, për një situatë ku të konkretizojnë realitetin, por ky nuk ka qenë qëllimi. Me Tiranën e para një shekulli desha të krijoja një lloj Sodome, ku njerëzit janë pjesë e një mëkati shumë të madh, që në vetvete është shoqëria që krijojnë. Kjo shoqëri, siç ndodhi me Sodomën, u ndëshkua nga zoti; në një farë mënyre, po të lexosh "Flamën" gjithçka zbërthehet sapo zbërthehet krimi dhe ajo që në libër e kam sjellë si "mëkat fillestar". Pra, shoqërinë tonë e shoh ende të sëmurë, jo sepse është në pushtet një klasë politike që s'më pëlqen, por sepse mendoj se kemi trashëguar një mëkat që vjen nga brezat paraardhës. Nëse duam të kuptojmë shqiptarët, cubat e sotëm, nuk duhet të kemi droje të themi se kanë qenë gjyshërit e tyre po kaq cuba e mëkatarë. Ndaj, kjo është një ide fikse që shoqëron letërsinë time që te romani i parë; "Flama" është një lloj vazhdimi i romaneve që kam shkruar më parë. Pandemia më krijoi mundësinë ta evidentoja më shumë mëkatin, në sytë e mi dhe, ndoshta, të lexuesve.

Intervistuesi: A e konsideron "Flamën" si vazhdimësi të "Hide në kalldrëm"?

Enkel Demi: Për mua po! Jo vetëm nga personazhi, por edhe për Tiranën që nuk është më, kryeqytetin tonë, që ka vdekur tani. Sot, pas një udhëtimi të gjatë, u futa në Tiranë dhe më dhembën sytë. Dhe jo vetëm në Tiranë; në Shqipëri në përgjithësi; pa pemë, pa gjelbërim; kemi humbur çdo tipar karakteristik që përbën një qytet, një kryeqytet, më saktë. Tiranës i mungon një qendër historike, çatitë e kuqe dhe ndërtesat e saj karakteristike, rrugët... Kjo bashkëngjitur asaj se si jetohet... Sepse sa herë flasim për beton dhe për pallate, nuk flasim për njerëzit, sepse, nëse në një shumëkatësh mund të futësh 40 mijë veta brenda, ke mbyllur një qytet aty dhe i ke burgosur. Tirana ka humbur atë që ka pasur dhe në të dy librat e mi jam përpjekur të kujtoj këtë lloj qyteti, këtë Tiranë, ku me të vërtetë nuk ishim kaq teknologjikë e sipas nesh, mendjehapur, por jetohej më ndryshe e me mundësi korrigjimi më të madha. Tani e kemi të pamundur të korrigjojmë gabimet tona. Pra, të dy librat kanë lidhje me njëri-tjetrin, jo vetëm për personazhet, por edhe për atmosferën... Kur shkrova "Hide mbi kalldrëm" i thashë botueses sime që kam përshkruar qytetin e jo një histori krimi. M'u kërkua me ngulm që të shkruaja një "sequel" të kësaj historie. Tani kam përshtypjen se jam përpara një zgjedhjeje të ngjashme, sepse nuk është çudi që të vijë një libër i tretë.

Intervistuesi: Në librin "Gurët e vetmisë" të shohim me realizmin magjik. Çfarë të shtyu ta shkruash këtë libër?

Enkel Demi: Është një histori që kam dashur gjithnjë ta shkruaj, që kur isha 19-20 vjeç, por, në atë kohë, ajo që shkruaja ishte patetike, gati-gati pamflet politik, nuk ishte letërsi. Isha shumë i ri për të marrë përsipër një libër të këtyre përmasave dhe, e dyta, nuk isha shkëputur akoma nga historia ime, nuk isha i pavarur nga ajo. Kisha nevojë të lexoja, të merrja informacion, të udhëtoja, të takoja njerëz dhe të dëgjoja histori, që të arrija të krijoja një botë tjetër, një botë jo-heroike, sepse epizmi dhe patetizmi në letërsinë e sotme më bezdis. Veçanërisht kjo në popujt e vegjël, që duan të evidentojnë që janë "kërthiza e botës". Kjo përpjekje 20-vjeçare u fitua kur fitova lirinë nga histori ime e nisa ta shoh pa urrejtje dhe, së dyti, të zbuloja anën njerëzore, se si jetonin njerëzit dhe jo thjesht realitetin historik e politik të trevës. Mendoj se në këtë fushë është bërë gjithçka në letërsi e publicistikë e nuk ka nevojë të shtohet edhe emri im. Ndaj desha që këtë histori ta përdorja për të bërë letërsi. Sa për atë që përmende, për realizmin magjik, dhe nuk je i vetmi, arrij ta kuptoj me vështirësi, sepse letërsia shqiptare mjafton t'i drejtohet miteve dhe legjendave të veta dhe mund të prodhojë gjëra të çuditshme. Nëse ky është realizëm magjik, çfarë duhet të themi për Mitrush Kutelin, për "Gjëmën e madhe të mëkatit", apo edhe për shkrimtarë të tjerë, që kanë shkuar deri në asht të historisë sonë. Nuk kam bërë ndonjë gjë të madhe; kam ritreguar historitë e vendit tim, me legjendat e mitet, duke treguar që ekzistojnë edhe sot e kësaj dite. Shumë prej nesh edhe në familje vazhdojnë të jetojnë me të njëjtat mite dhe legjenda. Edhe në historinë moderne të Shqipërisë, me atë që bëhet në Ditën e Verës, kupton se shqiptarët janë ende paganë, parakristianë. Akoma themi "pasha qiellin" e "pasha tokën". Në ato që kam shkruar, jam përpjekur të sjell këtë natyrë të shqiptarëve, që nuk mendoj se është patetike, por tërësisht e vërtetë.

Intervistuesi: Nuk besoj se kjo është diçka e keqe...

Enkel Demi: Përkundrazi! Këta jemi dhe nuk kemi pse shtiremi si të tjerë. Nuk dua që shqiptarët të shfaqen si italianë apo belgë, por të shfaqen siç janë, sepse vetëm kështu janë një pasuri e vërtetë, jo vetëm për veten, por një pasuri botërore. Çfarë mbron UNESCO te ne, përveç qyteteve? Na mbron polifoninë. Po pse e mbron polifoninë? Çfarë është polifonia? Është para-helene, një zgjatim i teatrit antik. Kjo polifoni ruhet, sepse ruhet miti. Pra, thjesht kam shkuar te miti, nuk kam bërë asgjë më tepër.

Intervistuesi: Je besimtar, apo ateist?

Enkel Demi: Besoj në zot dhe e frekuentoj besimin të paktën një herë në javë, por ama jam plot me dyshime. Por është shumë e vështirë për një nga brezi ynë dhe këtu po të përfshij edhe ty, pa të pyetur, sepse jemi formuar me një ateizëm shumë të fortë. Në gjithë rrugëtimin tim të besimit - u bë gati 20 vjet që jam katolik - kam gjithnjë një mal me dyshime dhe përplasem gjithnjë me të. Mënyra se si përplasem nuk është metafizike, por materialiste, sepse botëkuptimi ynë i mëparshëm ishte ateist. Është shumë e vështirë të shkëputemi nga ai lloj ateizmi me të cilin jam brumosur deri në 20 vjeç. Kjo ma ka bërë shumë shpesh të vështirë rrugën e besimit, megjithatë nuk jam më ateist; shkoj në kishë!

Intervistuesi: Pse shkruan vetëm për të shkuarën e largët? Ndjen një mungesë ndërgjegjësimi për të shkuarën e afërt, apo është mungesë guximi?

Enkel Demi: Nuk e di! Jam shumë i dhënë pas historisë dhe ndonjë të fshehte, që më mahnit. Përditshmërinë e jetoj si gazetar, ndaj si kronikan nuk më magjeps. Nuk është se i shmangem përditshmërisë nga frika apo të papriturat e saj, sepse, po të isha frikacak, nuk do isha në luftë të hapur me regjimet (politike). E përditshmja jonë nuk ka metaforë, është shumë e drejtpërdrejtë. Nuk ka kurrfarë enigme. Këtu ndodh çdo gjë për arsye të vogla, ndaj kjo nuk më ka mahnitur. Edhe personazhet që vadisin përditshmërinë janë vulgare, banale, të palatuara dhe nuk përmbajnë asnjë... ose të paktën nuk më reflektojnë një botë shpirtërore që të më tërheqë. Megjithatë nuk do të thotë që nuk do shkruaj për atë që ndodh; procesi i shkrimit nganjëherë është një moment. Është e vërtetë kjo që thua, që shkoj gjithnjë një shekull më andej dhe prapë po shkruaj për një shekull më parë, por ndoshta jam ende shumë i ri për të bërë plakun.

Intervistuesi: Çfarë mendon për letërsinë e sotme shqipe? Çfarë nuk shkon me të?

Enkel Demi: Jo! Nuk duhet të jesh kaq i pamëshirshëm; nuk më vë dot në pozita moraliste. Letërsia shqiptare për mua është një letërsi shumë e mirë e që po zhvillohet në mënyrë interesante dhe nuk ka shumë nevojë të korrigjohet që të përballet me letërsinë e vendeve të tjera. Kam një kulturë italianiste, por edhe me letërsinë botërore mundohem të mbahem i informuar, por nuk shoh ndonjë mungesë te letërsia shqiptare. Tani mund të të përmend mbi 20 emra, që nuk janë shkrimtarë klasikë shqiptarë, por ama janë të jashtëzakonshëm e që mund t'i merrja e t'i çoja në çdo panair e librari të madhe që mund të ketë Evropa. Ka emra të mëdhenj në Shqipëri që po bëjnë letërsi të madhe. Është Arbër Ahmetaj, Besnik Mustafaj, Mira Meksi; është një tregimtar i ri, që quhet Ervin Nezha, që është i çuditshëm; Liridon Mulaj, Andreas Dushi apo Ledia Dushi... ca emra që ua lexon letërsinë dhe mahnitesh. Çfarë mund t'i korrigjojmë ne këtyre? Çfarë mund t'u them unë? Asgjë! Të vetmen fatkeqësi që kanë ata, dhe unë bashkë me ta, është që shkruajmë në gjuhën shqipe, që nuk është pjesë e ndonjë grupi të madh gjuhësh. Aurel Plasari ka thënë dikur për Mitrush Kutelin, për "Vjeshtën e Xheladin Beut": "Po sikur ky të shkruante në spanjisht, si Markezi, cili do ish fati i tij?!". Ndoshta shkrimtarët e gjuhëve të vogla e kanë këtë fatkeqësi, që e çajnë kufirin me vështirësi dhe të pamundur për t'u shquar. Por ama lexoj sot shkrimtarë të gjuhëve latine apo edhe gjuhë të tjera të mëdha, që nuk janë... nuk dua të përdor një metaforë apo krahasim, por nuk mendoj që i lënë gjë mangët. Psh., në poezi nuk kemi si të ankohemi sepse kemi poete si Entela Kasi apo Rozafa Shpuza, Entela Tabaku... Me siguri do harroj emra... Kemi Xhabir Tabakun, që është i çuditshëm në poezinë e tij. Ndaj e kam shumë të vështirë t'i them këtyre të korrigjojnë ndonjë gjë; nuk kanë pse korrigjojnë asgjë. Uroj vetëm të mos i bjerë frymëzimi e të vazhdojnë të shkruajnë.

Intervistuesi: *Duke ngelur te shkrimtarët: për fitoren e "Flamës" të Çmimit Evropian të Letërsisë janë thënë fjalë të mira dhe ankesa...*

Enkel Demi: Këto fjalët e mira nuk i di, se s'më kanë

ardhur në vesh.

Intervistuesi: ...nga këta shkrimtarë që t'i mbrojte me kaq pasion. Në Shqipëri është zakonshme që gjithkush që fiton diçka duhet të përballet me "E mori më kot, me hatër!". Ndaj, mendon se kish në konkurrim ndonjë libër tjetër me të mirë sesa i yti?

Enkel Demi: Për t'ju ruajtur kësaj që thonë: "E mori Keli... Keli ka 30 vjet në tregun mediatik shqiptar dhe mund të ketë njohje përtej medias, politikës dhe botimeve...!", është e vërtetë që i njoh të gjithë, ndaj për këtë arsye nuk kam shkruar me emrin tim, por me (pseudonimin) Tom Kuka, sepse që në fillim kam dashur ta shmang veten si personazh televiziv nga ai që shkruan. Në çdo garë ka qejfmbetje. Çdo shkrimtar apo artist, kur mbaron një vepër, mendon se është më e mira në botë, që është pjesë normale e egocentrizmit të një shkrimtari. Nuk kam njohur askënd që të thotë se vepra e tij është më e dobët se e Dostojevskit! Normalisht, nuk duhen bërë krahasime të kësaj natyre, sepse letërsia dhe artet në përgjithësi duhen konceptuar si qielli, ku ka vend për të gjithë yjet. Gara prish pikërisht këtë rregull. I kam lexuar të gjithë shkrimtarët në konkurrim, jo vetëm pesë finalistët, por edhe ata që ishin në dhjetëshe dhe pesëmbëdhjetëshe. Jo sepse konkurroja (me ta), por sepse lexoj letërsi shqipe për të ndjerë kënaqësi dhe për të kuptuar se ku është letërsia sot. Normalisht, po të isha në vend të tyre nuk do ankohesha, sepse nuk do doja që një libri, që nuk fiton, t'i bjerë një hije. Të përmenda Liridonin, por mund të përmend Brajan Sukajn, për shembull, me "Viti i elefantit". Letërsia që po zhvillon Brajan është e pazakontë, që e gjej te shkrimtarët amerikanë të trilerit historik; një lloj letërsie amerikane e shkruar në shqip. Normalisht, Brajani mund të ishte fitues, por edhe letërsia e Liridonit mund të ishte fituese, sepse është gati-gati e ngjashme me stilin e Kamysë. Pra, ata që kanë zgjedhur, nuk do e kenë pasur të lehtë. Më ndodhi këtë vit, por nuk do më ndodhë më ky çmim, ndërsa edhe Brajani, Liridoni dhe Loeri janë shumë të rinj dhe me siguri do jenë fitues nesër-pasnesër. Do filloj edhe unë të ankohem për ta? Jo! Në asnjë mënyrë! Çmimet e letërsisë janë për t'ua dhënë shkrimtarëve, jo për t'i mbajtur, ndaj mendoj se me këto çmime e kam të mbyllur, sepse nuk kam ç'të fitoj tjetër. Tani e ndjej veten plotësisht jashtë gare. Unë shkruaj për vete dhe për t'i dhënë lexuesit një gjë timen, por jo për çmim. Do shkruaja gjithë jetën edhe pa marrë ndonjë çmim, sepse nuk kam shkruar kurrë për të. Vërtet që më kënaq egon si shkrimtar...

Intervistuesi: Ku dhe në ç'kohë shkruan zakonisht?

Enkel Demi: Varet se ku ndihem i qetë. Librin e fundit e kam shkruar në shtëpi dhe aty vazhdoj edhe tani. Librat e tjerë i kam shkruar në zyrë. Kam pasur një zyrë të vogël si qelë në Radio Tirana, ku ndjehesh krejt i izoluar. E rëndësishme është të mos bezdisem, të mos shkruaj duke bërë tifo, që ta marri vesh gjithë dynjaja se ky po shkruan e ah sa mirë që po shkruan... me njerëz nga pas, një të më sjellë çajin, tjetri të më bëjë fresk; dua të jem plotësisht vetëm dhe zakonisht nuk shkruaj dot në darkë. Shkruaj vetëm paradite, që ndoshta ka të bëjë me rutinën time ditore. Kur shkruaj nuk ha, nuk pi, nuk tymos, nuk bëj asgjë tjetër, veç shkruaj. Dua që duart t'i kem veç në funksion të tastierës.

Intervistuesi: Çfarë po shkruan tani?

Enkel Demi: Kam mbi dy vjet që po mbledh materiale dhe po lexoj për periudhën e rrethimit të Shkodrës, 1912-1913, kur malazezët tentojnë të pushtojnë qytetin, që izolohet e vuan nga uria, lëndët e ngrohjes e gjithçka e ndërkohë bombardohet. Ka kronika të kohës, por ne në shkollë nuk e kemi bërë thuajse fare. Ma ka tërhequr gjithnjë shumë Shkodra, qyteti dhe kjo histori, por nuk do jetë roman historik; do jetë një histori dashurie.

Intervistuesi: Kur do ta lexojmë?

Enkel Demi: Besoj se do hajë kohë; nuk është një vepër e vogël. Mendoj nga fundi i vitit të ardhshëm, por nuk e kam akoma idenë se kur saktësisht. Nga ana tjetër, edhe unë duhet të pres radhën e botimit, kur shtëpia botuese të plotësojë planet e veta... Askush nuk i merr shkrimtarët në telefon e t'i thotë po ta mbaj një "numër amze hapur" (qesh).

Dy poezi

XHUMANA HADAD

Eja

Eja
të gatuajmë një hënë të re e teksa na avitet nga dritarja
ta zhveshim nga sermi i drojës,
t'i veshim rrëzëllimin e akshamit dhe rrjedhshmërinë e
orgazmës.
Eja
ta brumosim dhe pjekim
derisa të bëhet kek
ose çmenduri.
Mandej ta hamë
e të ushqejmë edhe zogjtë, duke i mbledhur tog.
Eja
t'u qeshim reve të dehura
ta vjedhim nga të çarat e tyre,
të stolisim ajrin me moskokëçarje
e ta tretim horizontin me marramendje.
Mandej ti të nisesh drejt humnerës sime,
duke u shuar në bahçen e syve të mi.
Eja

ma qëndis gjoksin me dëshirat e syve të tu.

Eja

mos ta vrasim të ftohtin, por ta ngrohim atë,

mos ta mbytim qetësinë, por ta freskojmë atë.

Eja

s'na duhet gjumë e as inat,

veç shkelje kanuni e torturë.

Djall

Kur ulem para teje o i huaj,

mat kohën që të lipset

për ta mbushur distancën drejt meje.

Ti je në kulmin e zgjuarsisë,

kurse unë në kulmin e gostisë.

Ti mendon si t'ia nisësh flirtit,

ndërkohë që unë, nën perdet e dinjitetit tim,

tashmë të kam gllabëruar.

Dy jetë të ndryshme dhe një akt përvetësimi

e nga ky kryqëzim takimi,

nuk mbetet veçse djalli i tundimit tim.

Përktheu: Elmaz Fida

Joumana Haddad është një autore libaneze, gazetare dhe aktiviste e të drejtave të njeriut. Është përzgjedhur si një nga 100 gratë më të fuqishme arabe në botë nga "Arabian Business Magazine" për aktivizmin e saj kulturor dhe shoqëror. Është themeluese e "Jasad", një revistë tremujore në gjuhën arabe e specializuar në artet dhe letërsinë e trupit. Shkruan në arabisht, anglisht, italisht, spanjisht dhe frëngjisht, me 34 botime deri tani.

Marshi turk

BJORN RUNA

Prej kohësh e kisha kthyer në zakon që, për të mposhtur perëndimet e mërzitshme e të stërzgjatura të diellit gjatë verës, të përshkoja përreth tri apo katër orë në këmbë disa nga rrugët kryesore të qytetit. Rregulli parësor i këtyre shëtitjeve ishte të ecja vetëm në rrugët më të rëndomta, ku si përherë dyndej turma e pasdites. Pra, duhej shmangur me doemos ideja e të kaluarit në një rrugë të re, të papërshkuar më parë dhe sidomos mundësia e ofrimit të ndonjë pamjeje. Veç kësaj, shëtitjet nuk duheshin shoqëruar me muzikë, për të cilën prej disa muajsh ndieja një lloj neverie. Atëherë isha i bindur se vetëm kështu mund të luftohej vulgariteti i perëndimit të diellit gjatë verës, që në qytetet e hemisferës veriore mund të kthehet në një torturë të vërtetë. Ato tri-katër orë dhembjeje të purpurt dhe frymëmarrjeje të shpejtuar. Barriera e fundit, pas së cilës mund t'i lejoja më në fund vetes të dorëzohesha pa turpin e poshtërimit të një tjetër dite të humbur.

Në kthim të një prej këtyre shëtitjeve, teksa përshkoja korridorin drejt apartamentit tim, më zuri veshi disa zhurma në anën tjetër të derës. Ishte veçse një trokitje e rëndomtë e enëve të kuzhinës me përtesën e zakonshme të shtrimit të darkës. Megjithatë, ajo që më tërhoqi vërtet vëmendjen dhe më nervozoi ishin tingujt e mbytur të një melodie. "Marshi turk" i Bethovenit. Isha i bindur që jo shumë kohë më parë kisha zhdukur edhe gjurmët e fundit të koleksionit të vogël të CD-ve me muzikë klasike. Por, çka është edhe më e rëndësishme, jetoja vetëm. Megjithatë, ja tek po rrija ndërdyshas përballë asaj dere, të cilën mendoja se e njihja aq mirë sa të mos i kushtoja ndonjë rëndësi të veçantë, veç asaj që mund t'i kushtohet një dere, sidoqoftë.

U përpoqa për të disatën herë ta rrotulloja çelësin në bravë. Kushdo që ishte brenda nuk mund të mos e kish ndierë gërvimën metalike, pavarësisht "Marshit turk", që vazhdonte i vendosur. Një zhurmë hapash në rritje përfundoi me një heshtje të shkurtër, muzika dhe zhurma e enëve të kuzhinës reshtën. Dera u hap nga brenda.

"Më falni...", arrita të belbëzoj, duke mos e duruar dot vështrimin e hutuar të burrit në anën tjetër të pragut. Ai me siguri priste që pas kësaj të largohesha, por kur pa se nuk kisha ndërmend të lëvizja nga vendi, kryqëzoi krahët mbi gjoks dhe kureshtja i zuri vendin hutimit, që tashmë kish kaluar në anën time.

"Ndodh shpesh", u përgjigj tjetri pas përpjekjeve të mia të dështuara për t'i shpjeguar se ai apartament ishte imi. "Kjo është një ndërtesë mjaft e ngjashme me të tjerat në këtë zonë. Arkitekturë utilitare", tha, duke bërë një lëvizje shfajësuese të shpatullave. "Ngatërresat nuk janë të rralla. Fillimisht mendova se ishit shitës ambulant apo një predikues fetar, por...".

Zhurma e enëve të kuzhinës u dëgjua sërish, çka nënkuptonte se brenda ishte të paktën edhe një person tjetër.

Burri mund të më kishte marrë për cilindo, por kjo nuk e ndryshonte faktin se ai dhe kushdo tjetër që gjendej në apartament më kishin uzurpuar shtëpinë dhe, për më tepër, dukej se kjo nuk e shqetësonte aspak. Si ta luftosh një pushtues kaq të qetë dhe në paqe me vendin që sapo ka marrë?

"Dëgjoni", i thashë i acaruar nga supozimet e tij. Ia përsërita adresën e plotë të apartamentit, sikur kjo të mund të provonte diçka, pastaj shtova se ai më përkiste mua dhe se jetoja aty prej dhjetë vjetësh tashmë e, për më tepër, kisha qenë brenda tij jo më larg se tri orë më parë.

"Por kjo nuk vërteton asgjë", u përgjigj tjetri. "Fakti që keni qenë brenda një apartamenti nuk do të thotë se ju përket. Për më tepër, ajo çfarë pretendoni është e pamundur". Burri vijoi se jetonte aty prej tre vjetësh e gjysmë me të shoqen, e cila priste fëmijën e tyre të parë.

"Përpiquni të kuptoni", tha ai, "shqetësime të tilla nuk sjellin veçse telashe në këto raste. Megjithatë, ejani brenda.".

U stepa një hop. Tjetri e vuri re hezitimin tim dhe buzëqeshi fare lehtë, si për të thënë: "Pikë për mua".

96

Tryeza ishte shtruar përgjysmë. Mbështetur në shpinën e një prej karrigeve qëndronte një grua rreth tri apo katër muajsh shtatzënë. Ndryshe nga bashkëshorti, ajo nuk dukej e shqetësuar nga çfarë po ndodhte dhe, për më tepër, i mungonte ajo lëvizja shfajësuese e shpatullave.

Ndërkaq, në ato pak orë që isha larguar prej aty, apartamenti kish marrë një jetë krejt tjetër. Ishte po i njëjti, por mungonte asketizmi që isha përpjekur të krijoja kohët e fundit pas disa sulmeve të njëpasnjëshme ndaj orendive të tepërta. Aty tani mund të gjeje gjithçka që kisha urryer. Veç Bethovenit, gjendej një raft i tërë me CD të muzikës klasike, kryesisht meloditë më të njohura. Librat qenë zëvendësuar me revista dhe në një cep qëndronte monstruoz e i heshtur një televizor. Ishte e vështirë të mendoje se si mund të qenë zhvendosur gjithë ato orendi dhe ajo jetë brenda apartamentit në ato dy apo tri orë që isha larguar (aq më tepër që çifti kishte patur mjaftueshëm kohë të përgatiste edhe darkën).

"Nuk keni ndonjë dyshim, besoj?", foli më në fund burri. "Dua të them se ky nuk mund të jetë kurrsesi apartamenti juaj. Me siguri do kishit gjetur diçka të njohur. Diçka nga jeta juaj këtu do të kishte lënë gjurmë.".

Por, jo. Në atë hapësirë nuk kishte asgjë të identifikueshme nga jeta ime e mëparshme.

"Megjithatë, qëndroni për darkë", tha gruaja. Ishte hera e parë që foli qysh nga mbërritja ime.

"Po, patjetër", tha burri.

"Mund ta kaloni natën këtu sonte. Dua të them... nëse ishit i bindur se kjo ishte shtëpia juaj, atëherë me siguri nuk kishit menduar një vend tjetër për të fjetur.".

"Është e vërtetë", tha burri, duke ngritur sërish supet në formë shfajësimi, "por as mua nuk më vajti mendja. Kjo është e tmerrshme.".

"Çfarë?", pyeta unë.

"Fakti që një njeri mund të lërë shtëpinë në mbrëmje dhe në kthim të mos e gjejë më aty.".

"E tmerrshme", përsëriti gruaja.

"Ose e gjen të pushtuar".

"Të mos nxitohemi tani", ndërhyri tjetri, duke bërë një lëvizje ftuese drejt tryezës.

***

"Nuk jemi njohës të mëdhenj të muzikës", tha në përfundim të darkës burri, teksa jepte e merrte me butonat e impiantit muzikor.

Kjo duket, mendova, duke risjellë në mendje tingujt e mbytur të "Marshit turk" pak çaste më herët. Ishte e kotë të diskutoheshin shijet muzikore. Si burri, ashtu edhe e shoqja, dukej se ndiheshin mjaft mirë në mediokritetin e tyre. Fëmija që prisnin, me siguri që do t'u ngjante në këtë drejtim, ashtu si edhe në shumëçka tjetër. Tek e fundit, thashë me vete, nuk do të qe edhe aq e vështirë të argumentoje kundër dy personave, por, kundër dy njerëzve e gjysmë, kjo ishte thjesht e pamundur.

"Por, si të thuash, përpiqemi të dëgjojmë muzikë klasike", vijoi tjetri. "Pjesët më të njohura janë të parapëlqyerat tona. Me pak fjalë na pëlqen të dëgjojmë ato që i dëgjojnë të gjithë.".

"Të paktën nuk mund të gabosh me to.".

Burri aprovoi me kokë, pa e kuptuar ironinë. Nga impianti muzikor nisi të dëgjohej sërish "Marshi turk", por këtë herë më i plotë. Gruaja kishte mbështetur ballin mbi gishtërinj dhe po qëndronte symbyllur, me një pamje të lodhur.

"Është e tmerrshme", mërmëriti ajo, si të mos qe shkëputur ende nga biseda e pakmëparshme.

I shoqi u zhduk për pak në një kthinë të korridorit dhe u kthye me një shishe konjak dhe dy gota.

Hollë-hollë, darka nuk dukej se po shkonte keq. I hodha edhe një sy kuzhinës dhe dhomës së ndenjes, por m'u dukën akoma më pak të njohura. Sipërfaqja e tyre dhe boja e mureve, të vetmet gjëra që gjer atëherë më kishin dhënë ndjesinë e shtëpisë, qenë krejt të largëta.

Pas një çasti të heshtur, thyer vetëm nga mërmërima "e tmerrshme" e gruas, ai vijoi bisedën pa i kushtuar rëndësi.

"Cila është frika juaj më e madhe?"

"Nuk e di", iu përgjigja. Në fakt nuk besoj se kisha menduar më parë për diçka të tillë. Thashë ta rihapja bisedën e shtëpisë

98

së humbur, por m'u duk e papërshtatshme. "Ndoshta dhimbjet fizike", arrita të nxirrja me gjysmë zëri.

"Është e çuditshme! Mendoj për frikën sa herë dëgjoj 'Marshin turk'. Kam një ndjesi humbjeje. E dini? Ka disa kompozime në këtë stil. Duhet të jenë të frymëzuara nga marshi i bandave muzikore ushtarake osmane. Më pas, disa kompozitorë europianë rikrijuan të njëjtin marsh në format e tyre, por ku e lamë?

"Te frika. Se si kjo muzikë ju bën të mendoni për të.".

"E drejtë. Është e tmerrshme të mendosh se sa pak duhet për të humbur kur, në vend të armëve apo ushtrive, përballë të vendoset muzika. Një ritëm i thjeshtë. Mjafton që tjetrit t'i japësh diçka që nuk e ka patur kurrë. Diçka, që ndoshta as vetë nuk e ka ditur se i mungon. Nuk do të duhej shumë kohë që të niste dorëzimi. Të dorëzohesh dhe të ndryshosh pa e kuptuar. Ekziston gjithmonë rreziku që të zgjohesh një ditë dhe të kuptosh sa shumë ke humbur, por a do të kesh fuqi për të luftuar? A ia vlen të luftosh për të fituar një të shkuar, të cilën, tek e fundit, nuk mund ta rikthesh? Ti gjen papritur diçka që të mungonte dhe nga frika e humbjes pranon të dorëzosh, pak nga pak, çfarë ke patur më parë.".

Gishtërinjtë e gruas u zvarritën mekanikisht mbi ballë, në drejtim të syve të mbyllur, ku qëndruan gjatë. Frymëmarrja e saj qe ngadalësuar dhe rënduar.

Burri u ngrit dhe nisi të mblidhte pjatat, ndërsa mbeturinat i hodhi në qesen e zezë. Në fund, pasi i lidhi grykën, kërkoi ndjesë me po të njëjtën lëvizje shfajësuese të supeve dhe tha se duhet t'i nxirrte menjëherë jashtë për të shmangur kutërbimin gjatë natës.

Pasi i shoqi u largua, gruaja më në fund arriti të linte karrigen dhe bëri drejt dhomës së gjumit.

"Shpresoj që nesër të zgjidhet gjithçka", fola që nga kuzhina, "Nuk di se si t'ju falënderoj, por në mëngjes duhet t'i japim fund kësaj historie.".

Gruaja nuk u përgjigj. Nga dhoma e saj u dëgjua vetëm një fëshfërimë çarçafësh. Pas një çasti pritjeje, ajo nuk doli më dhe i shoqi nuk po kthehej. Më në fund u ngrita dhe, duke hezituar, hyra në errësirën e dhomës së saj.

"Më falni, por ai nuk po kthehet. Ndoshta bëj mirë të dal të shoh nëse...".

Në dhomë s'kishte veçse heshtje dhe errësirë. U përpoqa të kuptoj nga ritmi i frymëmarrjes nëse e kishte zënë gjumi, por nga mushkëritë e saj nuk dukej se dilte ndonjë grimë ajri. Iu afrova edhe më tepër anës së saj të shtratit, me kureshtjen për të kuptuar se ç'po ngjiste. U përkula paksa. Sytë i kishte të hapur dhe në humbëtirën e tyre vura re siluetën e dikujt. Ashtu si shikimi mësohet me errësirën, hollësitë nisën të shfaqen njëra pas tjetrës, gradualisht në sytë e gruas. Silueta dukej se i përkiste një burri, i cili mbante veshur të njëjtën këmishë të zbardhëllyer që pati bashkëshorti i saj gjatë darkës, por ai po qëndronte me shpinën nga unë dhe qe e pamundur ta njihje. Një re iu mbështoll rreth kokës, teksa tjetri fryu ngadalë në ajër tymin e cigares.

Burri e thithi edhe një herë të fundit cigaren para se ta hidhte në tokë. Tani me siguri do të kthehej, mendova, por pa ndjerë kurrfarë shqetësimi për pozicionin e papërshtatshëm në të cilin do të më gjente. Ai u rrotullua ngadalë dhe, ndërsa fytyra iu shfaq më në fund në bebet e syve të gruas, e pata të pamundur të shihja tjetër veç reflektimit tim.

Gruaja nxori një duhmë ajri nga fryma, që kushedi prej sa minutash e mbante dhe i la t'i mbylleshin kapakët e lodhur të syve.

"Natën e mirë!", tha ajo.

Vetvetiu, supet më lëvizën në mënyrë shfajësuese, para se edhe unë t'i uroja "natën e mirë." I gjendur tashmë në anën e kundërt të shtratit, i hodha një sy të fundit dhomës. Këmisha e zbardhëllyer, që sapo e kisha zhveshur, prehej mbi shpinoren e karriges! Paketa e cigareve kishte rënë nga xhepi i kraharorit.

Cikël poetik

NDUE UKAJ

Kthesat

Kthesa s'janë vetëm udhë lakore,
një peizazh që lëmë prapa dhe një tjetër që shfaqet përpara.
Kthesat s'janë vetëm një ndërrim mendjeje,
pendim i vonuar,
kthim në shtëpi,
klithje nate,
uratë kërkimfaljeje në orët e vona,
në orët e vetmuara,
kur deformohet uniteti mes të djeshmes e së nesërmes
dhe ëndrrat davariten nëpër re.

Kthesat s'janë vetëm udhë gjarpërore,
si udhët e jetës ose udhët e vendit tim.

(Rrugët e vendit tim janë gjarpërore,
të harlisura, të rrahura nga udhëtarë të frikshëm,
këmbë zuzarësh
dhe shpesh të ujitura nga lot mërzie.)

Ti e di se s'ka udhë as jetë njerëzore pa kthesa
dhe kjo mund të jetë arsye
përse vonë na kujtohet t'i mësojmë hilet e tyre,
nevojën për të qenë të vëmendshëm
sa herë bëjmë një kthesë dhe marrim drejtim kah një udhe të re.

Një udhë e re është një kthesë e re, një reliev plot ngjyra,
ku mbyten shikime të hutuara dhe njerëz që kërkojnë ëndrrat
e tyre,
siç kërkon fëmija një send të humbur.

Ti e dremitur pyet:
ku na shpie kjo rrugë nate që e rrahin erëra të forta
dhe udhëtarë të veshur me rroba të çuditshme.

Unë s'jam parashikues moti,
as profet që të qetësoj stuhi e dallgë të trazuara,
s'mund të parashoh rrengjet e jetës,
rrugët e rrëpira dhe kthesat e mëdha.

Vonë e kam mësuar si ta kuptoj rëndësinë e tyre,
nevojën për të gjetur një udhë të re,

një kthim te limani i kujtimeve
ose një lundrimi nëpër dallgë të trazuara.
Ne e dimë se një anije në liman s'mund ta kryejë detyrën e saj.
Atëherë pse gjithë ky shqetësim
sa herë humbim një udhë dhe gjendemi në një hapësirë të re,
nëpër dallgë të hatashme?

Ti sërish bën pyetje me shumë të panjohura.
Kthesë. Kujë. Mjegull. Dremitje. Sy magjikë.
Një peizazh përpara dhe një i lënë pas
dhe thua të ecësh nëpër kthesa domethënë të ecësh nëpër
mjegull.

Unë rrëshqas nëpër fjalët e tua
si nëpër kalldrëm të vjetër e të lagur nga shiu i gushtit
dhe shoh rrugë të rrëpira
që të përplasin te lugina e dhimbjeve.

Ti mallëngjehesh dhe hesht,
hesht si ata lisat e qetësuar pasi të ketë kaluar stuhia.
Por stuhia e shpirtit s'kalon lehtë
dhe degët e jetës s'janë të hapura si krahë zogjsh,

të cilët, ndonëse të frikësuar, gjithmonë dinë të fluturojnë.

Kur qielli ndrit dhe kupa e tij duket e pafund,
kujtimet të rëndojnë qafën si gur mulliri
dhe ti s'mund të shikosh horizontet e reja.
E kur katandisesh në luginën e dhimbjeve s'mjafton kthesa,
duhet frymëmarrje e shpeshtuar, ofshama dhe ngritje
përpjetë,
sepse në jetë gjithmonë duhet të lartësohemi.

Hartat gjeografike thonë se në fund të çdo udhe është një
mundësi e re,
por hartat e shpirt s'janë në linjë me ato gjeografiket.
Hartat e shpirtit thonë se nëpër kthesa
ka rreziqe pafund, kujë, por ndryshe s'mund të ecësh,
sepse kthesat janë të pashmangshme si rrugët e lumenjve.

Lumenjtë fryhen, ulen, kalojnë fusha e male dhe derdhen në
det.
Po ç'ndodh me ujërat që s'derdhen?
Ujërat që kundërmojnë!

Po me idetë që kundërmojnë!
 Idetë kanë fuqi të ruajnë jetë, të mbjellin mjegull
dhe të davaritin trishtim.
E nëpër kthesa ato janë shenja paralajmëruese, udhëzuese.

Një kthesë është një udhë e madhe, që të dëfton një pamje të
re,
një kujtim të bukur,
sy të mallëngjyer
ose duar të holla,
që tunden si re tek thonë me sy të bymyer "lamtumirë".

Një kthim tërheq pas vetes një qerre plot kujtime,
ushtëtarë që kanë kaluar aventura
dhe gjeneralë që rendin të harlisur shesheve tek shpallin
fitore.

Por në jetë gjithmonë ekziston pala tjetër,
si ana e kundërt e tokës kur përshëndetet me diellin
dhe mbulohet nga errësira.
Ata janë të tjerët, të mundurit,
që tërheqin një qerre tjetër, të quajtur pashmangshmërisht e

humbjes,
me udhëtarë të dëshpëruar, kokulur,
gjeneralë fytyrëmërrolur e flamuj të leckosur.

(Njerëzit e vendit tim kanë tërhequr shumë qerre humbjesh
dhe shpeshherë i kanë ngatërruar me ato të fitimtarëve).

E të moçmeve u pëlqen të thonë se një kthesë përherë ndodh
vonë,
kur dalim prej shkretie ose e kundërta kur futemi të tërbuar
në të,
siç futet një lundër e vetmuar në stuhi.

Kur ndalemi, kujtojmë orët e gëzimit,
makthin, gjërat e trishta,
një dalje prej skëterre
ose një hyrje të përjetshme në të.

Një copë letër

 Një copë letër mund të jetë më e rëndësishme
se pesha e dëshirave tua,
e ëndrrave,
e krejt dhimbjeve që mban në gjoks,
në supet e rënduara;
më shumë se sytë blu ku hyjnë e dalin anije plot dëshira,
më shume se një zemër që përshkohet prej stuhish e
cunamesh.

Ajo mund t'i rrisë dhimbjet ose e kundërta t'i zvogëlojë ato.

Një copë letër mund të përcaktojë:
ku mund të shkosh dhe ku jo,
një letër që quhet leje për të kaluar kufijtë,
ku ligjet e kalimit andej janë të varura nga dikush,
siç janë të varura ato këndej nga dikush tjetër.

Një jetë njerëzore është plot kufij, pengesa, tundime,
ndaj trishtueshëm një letër mund të zvogëlojë peshën e trupit tënd,
peshën e dhimbjeve,

të dashurive,

dëshirave,

ëndrrave,

të trishtimit,

një letër mund ta zvogëlojë sasinë e gëzimit,

sasinë e lumturisë.

Një letër mund ta matë sasinë frymëmarrjes,

oksigjenin në trup, tensionin, pulsin.

Sepse ne jemi të rrethuar përherë me kufij,

që duken e zhduken krejt papritur në jetën tonë.

Ne e dimë se n'to ka kontrolle,

policë e ushtarë të gatshëm me armë në duar që zbatojnë
urdhra,

por kurrë s'bëjmë punën e duhur që t'i zëvendësojmë
me lule tërfili,

skulptura të bukura e ëndrra pranverore.

Sepse kufijtë e vërtetë janë në gjuhë,

në ëndrra mëngjesore e dëshira të këqija nate.

Çuditërisht njerëzit s'i duan kufijtë,

por s'janë mësuar të jetojnë pa ta,

prandaj rrallë e kuptojnë peshën e një letre,

që përcakton sa peshon ti,

kush je

dhe a mund të kalosh atje ku dëshiron!

Kufijtë janë barrë dhe njerëzit janë të dënuar të vuajnë

brenda tyre,

prandaj e kanë të vështirë t'i rrisin përmasat e zemrës,

të gjuhës,

të shpirtit,

të ëndrrave

dhe të themelojnë mbretërinë e bukur të dashurisë.

Sytë e errët

Ata edhe në një ditë plot dritë shohin errësirë,
gjëra të mekura,
kodra të frikshme,
dete të trazuara,
lule të venitura,
lumenj që përshkojnë vrullshëm fusha e male
dhe njerëz të hakërryer që ngjajnë në kope ujqish.

Sytë e errët,
në një ditë plot dritë,
lundrojnë nëpër qiell
dhe gjithkund shohin errësirë,
sepse jetojnë në mbretërinë e saj,
ndanë dritës, lumenjve dhe fushave të zbukuruara.

Këta sy tash e sa mote i shoh
në qytetin tim dhe në qytetin tënd.

Sytë e errësuar
vërtiten rrugëve si gra të veshura në të zeza
dhe bartin kortezhe mërzie.

Ata sy puthjet i kanë prej Jude
dhe njerëzimit i shkaktojnë përherë të vjella.

Të mrekullueshëm janë sytë që bëjnë dritë,
si sytë e tu,
që shohin qiellin e kthjellët
dhe detin e lumturisë,
edhe kur retë rendin të harlisura në qiell
dhe ditët janë të errëta.

Ata sy gjithmonë shohin kodra të gjelbëruara,
e të zhveshura nga errësira,
ditë të reja
me lumenj të mrekullueshëm
e liqene plot bukuri,
ku lundrojnë anije të qeta,
me njerëz që n'gji mbajnë shumë dashuri.

Sytë e tu janë plot dritë,
dritë ku pushojnë pllakat tektonike të zemrës
dhe unë lundroj në ta si nëpër ujëra të ëmbla.

Pemë

Unë s'jam pema e ndaluar,
ku gjen prehje një gjarpër,
që josh
dhe kërkon një dorë të lehtë
për ta mashtruar.
S'jam as pema magjike e Van Gogut.
Jam një pemë,
me rrënjë në themelet e një ëndrre,
që e përshkojnë erëra e stuhi,
ku mblidhen zogj dhe ia thonë këngës së mëngjesit,
ku vjelin fruta kalimtarë rasti
dhe zgjat krahët përherë një grua madhështore!

Është e diel përsëri

Mesnatë!
Në mbretërinë e territ hëna kryeneçe rend e vetmuar.
Poshtë saj sytë e lodhur arratisen ëndrrave,
të tjerë të mërzitur i ankohen medaljonit të artë.
E shkuara po ia lë fronin ditës së re;
unë kthej kokën kah muri dhe kujtoj:
e shtuna tashmë ka karakteristikat e diçkaje që mund të quhet
histori.

Përsëri e diel,
për mua, seria e të dielave të shumta,
që përbëjnë javë, muaj, vite, dekada, kalendar-
dhe disa valixhe të vjetruara kujtimesh që i tërheq pas vetes.

Në jetë shpeshherë ndodh t'i ngatërrojmë valixhet,
ngarkohemi me kujtime të trishta,
si një tren nate që bartë zhurmë,
dëshira të venitura, vetmi dhe ca ëndrra.

Ndodh shpesh të rrugëtojmë udhëve të gabuara,

me ndjenja të harlisura, lajme të këqija,
rendje nëpër stacione për të parë sy të dashur
ose arratisje në kontinentin e mërzisë.

Kur jashtë i nxjerrim orët e kujtesës,
ngjajnë me rroba të zhubravitura.
Duhet t'u japim formë,
t'i hekurosim dhe mbushim rishtas me shpirt.

Ti thua se shumë kujtime treten rrugëve,
parqeve të qyteteve, plazheve të shpirtit,
pranë statujave mahnitëse të shkrimtarëve të zemrës...

I nxjerr në syprinën e ditës së re orët e fatit,
të pikëllimit,
të gëzimit,
siç nxjerr udhëtari i kthyer nga vise të larta,
tregime,
perla,
thesare të gjetura
dhe aty-këtu ndonjë njollë gjaku të tharë.

Njerëzit nxitojnë dhe kurrë s'e zënë kohën që duan,
as lumturinë që ëndërrojnë,
sepse ato janë ëndrra nate,
zgjatin pak, sa një sy gjumë.

Prandaj njerëzit tundohen t'i prishin kopshtet e tyre,
për një tjetër që e ëndërrojnë,
e justifikojnë kështu mitin e lashtë të kohëve të moçme.

Ora lëviz, yjet ndritin,
hëna nëpër terr lundron e qetë,
një zog bredh nga dega në degë.
Mesnatë! Janë orët e dashurisë. Ekstazës. Ëndrrave.
Për dikë orë të errësirës, trishtimit,
dikush dëgjon nga Vivaldi "Katër stinët",
një tjetër humbet poezive,
ndërsa diku me ngjyrë blu vizatohen sy të mallëngjyer,
ku futen anije të etura për lundrim.

Kur të shkuarës ia zë vendin dita e re,
asgjë s'duket e jashtëzakonshme.

Por është e diel përsëri.

Unë hap ngadalë valixhen e mbushur me orë gëzimi,
dehje, vallëzim, ekstazë dhe prehje pranë një libri.

Se jeta është e bukur

S'duhen prova shumë,
as eksperimente apo statistika shkencore.
Mjafton të zgjohesh në mëngjes
dhe të shohësh zbardhjen e ditës së re,
kodrat e zhveshura nga errësira,
pemët e çliruara nga robëria e natës
dhe vajzat krahëlehta që ecin bashkë me erën.
Pastaj të dëgjosh këngën e zogjve
apo të shohësh mrekullinë e një peizazhi malor.

Sa shumë bukuri ka para syve tanë,
mjafton të ndjesh rreth vetes shtrëngimin e dy krahëve.

Se jeta është e bukur,
s'duhen shumë prova,
veç një çati për të strehuar dhimbjet
dhe dëshirat e bjerra.

Se jeta është plot marri,
po ashtu s'duhen prova shumë.

Sabato tregoi se një të urituri në kamp përqendrimi
i dhanë të hante një mi të gjallë.

Sa shumë vërtiten rreth nesh:
stuhi, luftëra, erëra të forta,
viruse që pllakosin vdekje e mjerim.
 Por mos shiko kurrë lajme të tepërta,
mund ta çlirosh mendjen nga robëria
me një përqafim
dhe të shkruash një libër mahnitës.

Njëbrinori në kopsht

JAMES THURBER

Njëherë, një mëngjes të përmbytur nga dielli, një burrë, ulur në këndin ku po shijonte omëletën, pa një kalë të bardhë me një bri të artë në mes të kokës që po përtypte trëndafilat në kopsht. Burri u ngjit me vrap te dhoma e gjumit, ku e shoqja flinte ende, dhe e zgjoi:

- Në kopsht ka ardhur njëbrinori e po ha trëndafilat.

Ajo hapi njërin sy me përtesë dhe e pa shtrembër.

- Njëbrinori është kafshë mitologjike! - i tha dhe i ktheu shpinën.

Burri zbriti shkallët ngadalë e shkoi drejt e në kopsht. Njëbrinori ishte akoma aty e kësaj here po kulloste mes tulipanëve.

- Këtu njëbrinor, - e ndolli, ndërsa këputi një zambak dhe ia zgjati.

Njëbrinori e hëngri me solemnitet. Me zemrën që po i gufonte, pasi në kopshtin e tij kishte ardhur një kafshë mitike, rendi sërish me vrap lart dhe e zgjoi gruan edhe një herë:

- Njëbrinori hëngri një zambak!

E shoqja u ngrit, u ul buzë shtratit dhe e vështroi ftohtë:

- Ti je budalla dhe shpejt do të të mbyll në spitalin psikiatrik!

Burrit nuk i kishin pëlqyer kurrë fjalët 'budalla' e 'spital', aq më pak atë mëngjes plot dritë, kur në kopshtin e tij kishte ardhur për vizitë një "unicorn", kali mitologjik me një bri të artë.

- Do ta shohim këtë punë! - tha e ndërsa largohej, shtoi: - Kishte një bri floriri midis dy veshëve!

Zbriti prapë në kopsht të shihte njëbrinorin, por ai qe larguar. Burri u ul mes trëndafilave dhe e mori gjumi.

Sapo i shoqi u largua nga dhoma, gruaja u ngrit dhe u vesh shpejt e shpejt. Ndjehej mjaft e eksituar dhe një grimcë vetëkënaqësie i lundronte syve. I telefonoi policisë dhe një psikiatri; u tha të shkonin me urgjencë në shtëpinë e saj e të merrnin me vete edhe një këmishë për të marrët. Kur mbërritën, polici dhe psikiatri u ulën në ndenjëset e rehatshme të sallonit, përballë gruas dhe nisën ta dëgjonin:

- Burri im ka parë sot njëbrinorin në kopsht, - polici vështroi psikiatrin, ndërsa ky këqyri policin. - Pastaj më tha se kishte ngrënë një zambak, - shtoi. - Në fund më tha se kishte edhe një bri të artë në mes të kokës, - përfundoi ajo rrëfimin.

Në një prej atyre çasteve, pasi mori sinjalin nga psikiatri, gati të dy përnjëherësh u hodhën mbi gruan. Iu deshën bukur shumë kohë ta vinin nën kontroll, pasi gruaja rezistoi fort, por ia arritën. Kur ia veshën këmishën e forcës me krahëza të lidhura pas shpinës, i shoqi u kthye nga kopshti e hyri brenda.

- Zotëri, a i keni thënë gruas suaj këtë mëngjes se keni parë njëbrinorin në kopsht?

- Sigurisht që jo! – u përgjigj burri. – Njëbrinori është një kafshë mitike!

- Ok, kaq kisha nevojë të dija! - tha psikiatri e iu kthye policit: - Merre! Më vjen keq zotëri, - iu drejtua më pas të zotit të shtëpisë, - por gruaja juaj është krejtësisht e çmendur.

E morën me vete mes klithmave e mallkimeve dhe e mbyllën në një spital për të sëmurë mendorë. Që nga ajo ditë, i shoqi jetoi i lumtur. Morali? Mos bëj kurrë ysh pa pasur pula!

Përktheu nga anglishtja: Arbër Ahmetaj

* James Thurber: humorist, karikaturist, autor, dramaturg dhe gazetar, i njohur për personazhet dhe temat tepër afër publikut në formë e përmbajtje. Është një nga humoristët kryesorë amerikanë të shekullit XX. Proza e tij e paimitueshme dhe e zgjuar përfshin gjerësisht mendime dhe zhanre të pazakontë. Ka krijuar tregime, ilustrime, komente, fabula, fantazi për fëmijë dhe letra. Shumë nga vizatimet dhe tregimet e tij u shfaqën për herë të parë në "The New Yorker" dhe disa nga përrallat më të famshme u përfshijnë në librat "Jeta sekrete e Walter Mitty", "Natën kur hyri fantazma", "Qeni që kafshoi njerëzit", "Natën kur krevati ra", "Vendi i macezogut", "Dita kur u shemb diga" dhe "Njëbrirëshi në kopsht".

Poezi

KLAUDIA DULLA

Demonët

Dashuria, shpirtra të shkrirë në një,
aureola e shpirtit tim,
verbonte demonët e tu.
Të shuaje ulërimat e dhimbjes së tyre,
fshikulluar nga drita ime,
ti, mbyte dashurinë tonë.
Ngadalë zbriti errësira,
djajtë e tu ranë në gjumë të qetë.
Unë ecja në majë të gishtave,
mes ngushticave të shpirtrave.
I doja ata demonë,
shenjë e vulosur, plagë nga ti,
të doja edhe ty,
por në terr dashuria s'ka instinkt mbijetese;
ajo prehet,
shuhet,
vdes.
Natën kur mbylli sytë dashuria,
në shpirt na ra një heshtje morti.

Zgjati ditë e net të tëra,
na shurdhoi,
derisa boshësia zgjoi një tingull
e tingulli u bë zë.
Kërceva në këmbë rrëmbimthi,
doja të ta tregoja; më pe syshqyer.
Dëgjoje, por nuk kuptoje,
ç'po belbëzoja vallë?
Asgjë më shumë se gjuhën e djallit,
të rritur në errësirën time.
Vazhdoj ta flas ende
edhe pas kaq vitesh.
  Ndonjëherë në agim hedhim sytë nga dritarja
e shohim dritën, si të zënë në faj,
por më shpesh flemë,
flemë dhe ruajmë,
që demonët e shpirtrave tanë
ta bëjnë gjumin e qetë.

Dashuria është shpirtra të shkrirë në një.
Në pafundësinë e saj,
ka vend edhe për djaj.

122

Kompozim dashurie

Edhe pse i thënë e stërthënë miliona herë
ish një togfjalësh i zvjerdhur,
si shumë të tjerë.

Ndër vite mbeti pa kuptim
derisa, një agim, i bashkëngjite emrin tim.
"Zemra ime" shtypnin nxitimthi
gishtat në tastierë.

Ndjeja buzët e tua
ta pëshpëritnin pareshtur.
I shihja symbyllur,
tek bashkoheshin në drithërimë
dhe sekondën tjetër dridheshin,
si të thurnin një himn.

Heshtnin buzët e tua.
Heshtja edhe unë.

Mes kilometrave të largëta na buçiste zemra,
kur bashkë me gjakun në vena
rikthehej ritmi i përmalluar i të vetmes
shprehje dashurie të thënë pas një dekade.

- Zemra ime, pse nuk më the gjë atëherë?
Atëherë... dhe koha u derdh në boshësi.

Unë qesha...
Qesha aq fort sa lëkundjet e diafragmës
mbërritën përtej detit.

Ti më dëgjove.
Më ndjeve.
Më thirre.
"Zemër, të gjeta! Këtë herë përgjithmonë!"

Atje

HANDE GÜNDÜZ

Nuk e kuptoi nga erdhi. Burri i ulur pranë saj, i tha "Tungjatjeta!", sërish me zërin e tij ndjellës. Përbrenda i vinte të thoshte, "Ah sikur në vend të kësaj fletoreje që kam në dorë të kisha një filxhan çaj!". "Po kush i ka thënë ta mbajë kështu këtë fletore?", mendoi ai. "Sikur të kisha një filxhan çaj në vend të fletores, do të ishte më e lehtë të vështroja si e përhumbur ndërsa pi një gllënjkë". Atëherë edhe ai do ta kuptonte që ajo nuk donte të fliste me të, kështu do të hiqte dorë nga mundimi për të hyrë në bisedë. Donte vetëm të dëgjonte.

"Tungjatjeta!", tha burri sërish. Kësaj here pa e luajtur kokën: "Hë, hë!", tha ajo me një të qeshur tallëse, duke shpresuar ta mbante urtë për një copë herë. "Është bukur të jesh këtu me ju, desha ta them sërish këtë", tha burri. "E thatë. Dje". Mund ta kishte thënë edhe pardje. Nuk donte të fliste, por të ankohej. "Prapë kjo dritë, tha, "drita bie veçse këtej". "Keni shumë të drejtë!", pohoi burri. "Sa herë që ju shoh, vërej se ju ka rënë përsipër. Po të mund të lëvizja, mund t'i kishim ndërruar vendet bashkë ose mund ta tërhiqja pakëz perden. Por s'mund ta bëj, po ju a mund të lëvizni?". Hezitoi pak. Pastaj shtoi: "Ah sikur tani t'i drejtoheshim njëri-tjetrit kështu siç po thoni ju. Sepse jam i sigurt që mes nesh ka diçka". "S'besoj!", tha gruaja dhe deshi të prekte lehtas te bërryli e ta shtynte pak më tutje, por nuk lëvizi dot as edhe një milimetër nga vendi ku ishte. "S'është nevoja që ju ta dini", tha burri, "mjafton ta dijë njëri nga ne". "S'ma ha mendja", kundërshtoi ajo. "Veç kësaj mendoj se më kujtohen edhe gjëra të tjera", vazhdoi ai, duke i pëshpëritur pranë veshit: "Më kuptoni, apo jo? Mes nesh e kam fjalën". Mandej lëvizi tinëzisht pjesën e sipërme të bërrylit; sigurisht nuk u fërkua me të, edhe po të donte nuk mund ta bënte, por gruaja mund të betohej se ai e kishte bërë. Buzët e saj hollake u ngjitën me njëra-tjetrën ndërsa i hapte e i mbyllte sytë zemërueshëm. Ja tani, ah tani, sikur të mund të lëvizte pakëz, do t'ia kishte plasur syve fletoren që mbante në dorë. Fletushkat e bardha që do fluturonin duke u shpupurisur nga kapaku i hapur i fletores, fillimisht do të përplaseshin në fytyrën e tij, pastaj do t'i binin mbi shuplakën e hapur të pëllëmbës së shokuar, duke u rrekur të vinte në vete. Sikur të lëvizte qoftë edhe pak fare, ajo nuk do të rrinte më asnjë grimë aty, madje as edhe në të njëjtën kabinë për asnjë çast të vetëm. Mirëpo ai burrë i pafytyrë, pa e parë as në sy, i tha: "Eleanorë, a të kujtohet?". "Mos keni luajtur mendsh?! Mbani gojën kur flisni në sy të gjithë këtyre njerëzve që po na shohin. Veç kësaj, emri im nuk është Eleanorë". "Po si është atëherë?". "Emri im, emri im...". Nuk donte t'ia thoshte. Pastaj, atij ç'i duhej? Sidoqoftë, nuk ishte Eleanorë, me siguri. "Ti je Eleanora", tha burri. "Je Eleanora, dora vetë". E tha aq djallëzisht, sa gruas iu skuqën faqet. Në fakt as atij nuk i pëlqente aspak që njerëzit përpara tyre t'i shihnin. I hodhi edhe një vështrim flokëve të gruas. "Mos ndërroni temë", tha ajo. "Sipas meje gaboheni. Unë nuk kam nevojë të më thoni asgjë, por do të rrimë në heshtje pastaj. Domethënë ka një copë herë që mendoj se ç'tjetër mund të bëjë njeriu këtu, po ashtu po mendoj në lidhje me afërsinë që thoni ju". Sipas tij, ata duhet të kishin qenë komshinj. Ajo vajzë, të cilën e kishte dashur si motër a mos ndoshta ajo grua ishte e motra e saj, që ai nuk ia kujtonte dot emrin. Mund të ishte ndonjë e afërme. "Edhe mua më duket se ju kam parë diku". "Jo", tha burri. "Është diçka tjetër. Jam i sigurt për këtë". S'mund të ishte i sigurt. "Ka gjëra që i parandiej". E ç'mund të parandiente ai vallë? "Po të doni jua them që tani si është puna!", vijoi ai. "Përse këto drita fiken e ndizen, përse vazhdojmë të jemi po në këtë kabinë veç ne të dy? Për më tepër në këtë sedilje?". Dritat u ndezën. Jo, nuk ishte filan Eleanorë. Ndërsa e mbante shikimin fiksuar në atë pikë të largët, burri vazhdoi: "Kam veshur rrobat më të mira", më keni thënë. "Kjo është një ditë e rëndësishme", më keni thënë, po, fiks kështu keni thënë. "Mbase atëherë duhet t'ju kem thënë ta hiqni këtë kapelë prej koke", ia ktheu ajo. "Ç'lidhje ka kapela ime? Eleanorë, më thoni, sipas jush...?". Ç'mendime të çuditshme i kalonin në kokë këtij burri. "S'mund të jemi", tha ajo. "Po të ishte kështu, s'do ta kishim vënë re atë djalin e prapë që hyri me akullore". "Lëreni, ishte thjesht një fëmijë. Atëherë, edhe mbase". Ajo nuk duroi: "Hiqeni nga mendja këtë mendim të kotë, nuk kemi vdekur akoma. Dhe sikur të ishte kështu, pra të kishim vdekur, po kjo fletore ç'do në dorën time?". "Vërtet, përse e mbani atë fletore?". "Këtë? Me sa duket për t'jua treguar juve e mora me vete". "Mund të jetë ashtu. A m'i lexonit ato që kishit shkruar? Mua s'më kujtohet".

"Ç'është ajo gjë në mur? Ç'po shikoni?", pyeti ajo pas pak. "Askënd, e dashur, është një dashuri e vjetër". "Atëherë, shiheni pak veten. Po të isha unë e dashura juaj, ç'lidhje ka me dashurinë tuaj të vjetër në mur?". "A e pranoni se atëherë ishit me mua, se atje ishte edhe shtëpia jonë?", nguli këmbë ai. "Jo, nuk e pranoj. Vetëm duke supozuar se isha me ju, po ju them se çfarë pafytyrësie është të varësh në mur foton e vjetër të dashnores".

"Juve, domethënë. S'e di Eleanorë". "Mos më thoni Eleanorë de, boll!". "Çfarë t'ju them?". "Mjaft të mos më thoni Eleanorë". Ajo foto s'do t'i shqitej nga mendja. Maniaku plak fitonte kohë duke i thënë Eleanorë. "I thoni dhe asaj gruas mbrapa t'i heqë prej meje ato gishtat e saj të trashë e të lagur. "E di", tha burri, "ai që keni veshur është fustani juaj i preferuar. Për atë që është në fotografi, them. Nuk e di, madje as që më kujtohet. Kanë kaluar kaq shumë vite qëkur e nxorët nga vendi i fshehur dhe e varët në dhomën e ndjenjes. Ku e patët fshehur fotografinë? Poshtë krevatit tonë?". Burri heshti papritur. "E di, ajo fotografi dhe njohja me ju është diçka shumë e çuditshme". Ishte e çuditshme, sepse ai veç sa mendonte ashtu, s'e kishte varur askund. Nuk e dinte madje nëse ajo fotografi ekzistonte vërtet. "Prej vitesh qëndronte në një qoshkë të mendjes time", tha, "nuk kisha synim ta varja në mur". "Do të thotë se ishte një njohje e vjetër. Po në atë mur do të thotë se ka qenë po në një qoshe të mendjes juaj". Për një copë herë të mirë nuk folën.

Dritat u ndezën e u fikën shumë herë. Përpara tyre kaluan njerëz. "Po ky? Ky papagall?", tha papritmas. "Po ky nga mbiu këtu? Të betohem se nuk është pjellë e mendjes sime!", tha burri. "Se mos është ai papagalli që kishit sjellë nga ishulli ku donit aq shumë të shkonit". "Mos doni të thoni se unë kisha një të dashur?", pyeti gruaja me tonin cinik të një vajzukeje. "Nuk ia tregonit askujt, por e di që keni patur". "Pra, po thoni se këtë papagall e kam sjellë unë këtu?". "Ose e keni sjellë ju ose ka ardhur vetë, por është juaji". E kishte ndarë mendjen të rrinte pa lëvizur. Përbrenda i vinte t'i përkulej atij burri për t'i kërkuar falje për pamaturinë e saj më herët. Veç kësaj edhe sikur t'i thoshte Eleanorë, tani e tutje nuk do të bënte zë. Ktheu fytyrën nga papagalli që vinte prej visesh të largëta dhe nuk mundi dot ta sodiste me nge, edhe pse donte. Sikur vetëm ta prekte, do të ndiente rrahjen e asaj zemre të vockël, strukur poshtë puplave të lëmuara. Ndjeu vetëm frymën kundërmuese të fikut nga sqepi i zogut, e cila dilte nga dy boshllëqe të vogla në kokën e tij. E thithi brenda vetes zhurmën e ishullit që vinte deri tek ajo përmes aromës së fikut. "Po mirë", mendoi, "a kishte mundur të shkonte gjer atje vallë?".

Përktheu nga turqishtja: Smeralda Çaça

Pesë (+1) poezi

URIM DULLOVI

Dasmë

Buqetë kujtimesh të errëta
gruas mëkatare
për përvjetor të së kaluarës
për nder të ditës së diel

tingulli i daulles shpues
vret veshin e lodhur
nga fjalët
jo si ditën e parë

lumturi në hyrje
a brenda tmerr
të merr me vete vetmia
ahh! Më digjet këmisha

më vrasin kujtimet
për të djeshmen
e sotmja e padukshme
pres jetën të vijë

Se të ndjeva në mungesë

Tani që hija jote shtegton
vijës së mermertë të Dubrovnikut,
muzat e Milit ma kujtojnë fotografinë
që kurrë s'e shkrepëm:
Dyndur nën pisha,
korbat e Poe mbi kokat tona,
përjetë bashkëjetuar,
ecim plot përmes rrugëve boshe.
Dhe
kumti nuk ngjan me puplën e zezë;
është zemra fisnike,
që merr rrugën e fjalës së dhënë.
Forevermore!
Forevermore!
Në sytë e tu pushoj sytë e mi
dhe dorën në flokun e zi.
Pastaj të puth,
mu ashtu si më the...
si mendova që më the,
si desha të më thuash.

130

Baciami! Baciami! Baciami!

Dhe

në fund

kujtoj kortezhin e yjeve,

natën e Shën Lorenzos –

sakrificën e tyre qiellore

për dëshirat tona tokësore.

Ti, punë, veturë të re, shtëpi.

Unë, një ditë më shumë me ty.

Dhe

kështu...

praninë e çmova,

ndonëse me zor u ftua në harresë.

Fotografinë s'e shkrepa se desha malli të më marrë,

kur pranë meje ti të mos jesh.

Vetëm,

kur këmishët të mos jenë në mes nesh,

të të them

se të ndjeva në mungesë.

Dil në dritare

Dil në dritare, xhan,
dhe fshehtas kundro,
sekretet e botës
që sokakëve të ngushtë enden,
me dëshira plot.

Shih të ardhmen që ndjek pragje
dhe ngjyros gjakun e qengjit në dritare,
në derë,
(instinkt mbrojtjeje, ndoshta besim).

Shih dashurinë që pajton gjaqe,
me mijëra shigjeta e harqe,
si poet hedh miliona vargje
për zemrën e ndjerë.

Turr në dritare dhe vështro!
Mëhalla të reja gulçojnë
prej farës sonë.

Rreptë e lehtë luhaten dy kolovajza...
për vajza,
në kopshtin me dardhë e manjola.
E nga brenda,
epshur ngjizet gëzimi,
mu aty, në dhomat rrëmujë,
mureve pa bujë,
e në tingujt e jetës së stilisur.

Natën, dil në dritare dhe ëndërro!
Yjeve a thua çfarë ua vret mendjen:
u është bërë bajat fama e natës,
apo i druhen mospërflljes së ditës?

Dil ti, dil në dritare!
Poshtë saj do të më gjesh duke të pritur,
me zemrën shkrumb
e sytë e zhuritur.

Dhe, shpirtin flakë!

Pambarimisht, dil, hiç çati, mure e tenda,
hap dritaret dhe shpirtin hap,
se nga jashtë shkëndijat duhen bërë zap,
për t'i vënë flakë zjarrit që gulçon brenda!

Feggari mou

Të mos më thoshe lamtumirë moj hënë
Dhe dritës sate ëndërr t'i rrija mbrëmë:
Rrekem rrugëve plot shamatë e gjëmë
I argjendtë lumi e unë rob i zënë.

Lamtumirë hënë mua të mos më thoshe,
Gjetkë arsye do të gjeja të të sodis.
I shastisur, i vetëm në një qoshe;
Panterë e zezë ikur, lënë për midis.

Kur m'i mbuloje sytë me duar mëndafshi,
Botën e shihja të ishte e imja;
Buza që dridhej... dhe këmbët nga afshi,
Venitej-rilindte trupi nga dhimbja.

Perlat e botës një natë me ty s'e blejnë
As safirë, as smeralde të shtrenjta.
Në botë ka gjëra që më shumë vlejnë
Se gurë, metal e statuja të shenjta.

Nga drita jote më thanë u verbova
S'shihja mallkimin që ndillje çdo ditë
Kur mungoje dhe prisja sërish natën
Ti shkoje në shtrat në një tjetër suitë

Aromë shafrani djeg, tash, përvëlon
Shtigjeve gjahtare jetës katandisur.
Terri i natës dot s'më shoqëron
Mbeti veç diell e shkëmb i thepisur.

Smeraldet, safirët nga kriminelë të vjetër
Kalojnë, si ti, në duar të huaja.
Thërrisje shtëpi krejt diçka tjetër,
Ty nuk të njoh më, veten e humba.

E them më fort që ta dëgjoj dhe vetë
Në me të vërtetë të më kthehesh dua.
Kur ty të dhashë gjithçka në jetë
E me një lamtumirë gjithçka u shua.

Ik

Ik dhe mos u kthe!

Ik drejt shtigjeve që rendëm tok,
Ku humbëm e u rihumbëm
Vetëm e vetëm sa për të gjetur veten sërish:
Tek njëri-tjetri,
Në njëri-tjetrin.

Kthehu dhe mos ik!

A quhet ikje shtegtimi nëpër dhijaket që të dy njohëm?
Se ikja është humbje, është harresë.
E si mund të harrosh duke shkelur hapave të së kaluarës?
Këta hapa mbrapa janë veç mashtrim
I vetes për të ikur nga vetja.
Mos ik!
Rri me mua,
Rri vetvetja!

Nuk jam këtu

Qelizat e trupit tim lindin dhe shpërbëhen.
Ato enden përmes trurit,
zemrës,
mushkërive,
duke krijuar jetë.

Jetë nga asgjëja,
për asgjënë.

Se unë nuk jam këtu.

Ndërkohë, grupe të tjera indesh
më pyesin se çfarë dite është,
sa është ora.

Por unë,
thjesht,
nuk jam këtu.

Më flasin për gjëra që nuk më interesojnë:
Fituesit gjithëpopullorë të zgjedhjeve;
Se botës po i vjen fundi:
gjamë,
apokalipse!

E unë nuk dëgjoj asgjë
sepse nuk jam këtu.

E tashmja është vetëm rruga që çon drejt rinjohjes.

Nuk i përkas kësaj kohe,
këtij vendi,
këtyre grilave që nuk më lënë të jetoj.

Unë nuk përkas këtu.

Në mesin e këtyre të gjallëve,
nuk guxoj të marr frymë.
...nuk mund të ma ngjallin shpirtin.

Unë nuk jam këtu.
Sikur qelizat e mia
që ngarendin drejt asgjësë,
ashtu ngarend dhe unë.

Ndoshta për diku tjetër,
por jo këtu.

Unë nuk jam këtu.

Nuk jam këtu.
Nuk jam këtu.

Sizifi që qesh

IRIS HALILI

Personazhet absurde në rrugën e Sizifit

Drama sizifiane

Fatin e Sizifit e njohim të gjithë. Nga mitologjia antike greke, ai na vjen si heroi i heronjve. Midis bëmave të tjera, Sizifi u kërkon perëndive t'i falnin njerëzimit pavdekësinë. Perënditë u hakmorën për guximin e këtij njerëzori plangprishës dhe e dënuan të ngrinte, në jetë të jetëve, një shkëmb, që kur arrinte në majë të malit rrokullisej sërish poshtë. Që atëherë mbeti shprehja "punë Sizifi", d.m.th të bësh diçka të kotë.

Sizifi u bë simbol i mendjes së hollë, sepse kishte synuar të sfidonte zotat, ndërsa në kohët moderne ishte heroi ideal, që kuptoi thelbin e kotësisë ekzistenciale të një njerëzimi që vuante nga kompleksi i vdekjes. Mendja e lashtë njerëzore kishte kuptuar "thembrën" e vet të Akilit, pra thelbin se një ditë do të vdiste. Dhe sigurisht, ata që duan të ndryshojnë historinë janë heronjtë që vetë njerëzimi i krijon. Ka heronj që arrijnë të fitojnë e ka të tjerë që mbesin të përjetshëm, sepse luftojnë për një çështje që njerëzimin e ushqejnë gjithmonë me shpresë. I tillë mbetet Sizifi.

Te eseja "Miti i Sizifit", përse filozofi dhe shkrimtari Alber Kamy (Albert Camus) i rikthehet mendimit antik? Përse ai i rikthehet Sizifit?

Përgjigjet janë të shumta. Sizifi duhet për të na treguar rrugën e përditshme të ekzistencës, duhet për të na treguar monotoninë e kësaj rruge, shpresën e plogësht të mosndryshimit, mungesën e lirisë, përpjekjen e kotë gjenetike, botën indiferente, neverinë, absurdin.

Sizifi përshkon një rrugë. Fillimisht ka shpresën se do të

mund ta vendosë gurin në vend, por pikërisht kur arrin majën, guri bie dhe heroi zhgënjehet. Fillon sërish, ecën e ecën me shpresën se ndoshta çastin tjetër guri do të mund të qëndrojë në vend, por guri bie dhe Sizifi sërish ia nis nga e para... e kështu, në pafundësi, kështu në vazhdimësi... Njerëzimi ecën me shpresën e gjallë, "ai është gjithmonë në udhë", megjithëse udha nuk i fali asgjë. Pikërisht tek kjo udhë e mundimshme, drejt asgjësë, gjen Kamy dramën njerëzore, pikërisht këtu ai gjen absurdin, për të cilin Sartri (Jean Paul Sartre) shprehet se krijon neverinë.

Sizifi, që kthehet në arketip të gjenit njerëzor, kërkoi të ndryshojë, por si shpërblim mori fatin e tij të pashmangshëm: të qenurit vdekatar. Dhe kjo e bën Kamynë të mendojë: "Arsyeja më thotë se bota është absurde".

Sizifi nuk është i lirë. Si të gjithë ne, si e gjithë raca njerëzore, ai duhet të përshkruajë një rrugë të mirëpërcaktuar e nuk ka mundësi të ndryshojë asgjë. Të dhimbset ashtu, i vuajtur, me peshën e fatit, me "shpatën" kafkiane mbi supe. Dhe ne na dhimbset vetvetja dhe ndiejmë neveri për paaftësinë tonë për të rregulluar, asgjë më shumë, veç fatit tonë. Ne i drejtohemi botës me pyetje racionale dhe ajo qëndron indiferente, ne duam të jemi të lirë, por gjenetika jonë na e ka ndaluar atë, pasi ne "jemi dënuar me liri", një liri qesharake, një liri që dhe kafshët e përqeshin e megjithatë ne vazhdojmë, pasi kemi shpresën që na mban. Edhe Sizifi shpresonte. Duhet të bëjmë sikur jemi të lumtur dhe klithmës hamletiane, "të rrosh a të mos rrosh", i përgjigjemi shkurt, "të bëjmë sikur", në mënyrë që të mund të vazhdojmë, të mund të fillojmë dhe rifillojmë në një botë që, kur e takoj, më ngjall absurdin. "Duhet ta përfytyrojmë Sizifin të lumtur", thotë Kamy.

Kuptohet se Sizifi është heroi absurd. Është i tillë si për pasionet, ashtu edhe për vuajtjet e tij. Përçmimi për perënditë, urrejtja për vdekjen dhe pasioni për jetën bënë që të vuajë një dënim të paparë, ku e gjithë qenia përpiqet të mos përfundojë asgjë. Ky është çmimi që duhet të paguhet për pasionet e kësaj bote. Asgjë nuk na thuhet për Sizifin në ferr. "Mitet janë bërë për të ndezur imagjinatën", arrin në përfundim Kamyja.

"I huaji" për vetveten dhe për botën

Romanin " I huaji" as që mund ta kuptosh apo ta shijosh nëse nuk ke lexuar esetë filozofike të A.Kamysë.

Pas këtij procesi kupton si shndërrohet filozofia në art, si një personazh gati hipotetik mund të përcjellë mesazhet filozofike dhe të mbetet pafundësisht i huaj për lexuesit, por edhe për vetveten. Siç jemi ne në këtë botë, të hedhur, përgjegjës për fatin tonë, të paorientuar, të huaj.

Mersoja, ky personazh intelektual, e ka kuptuar fatin sizifian, ai nuk ka dëshirë të ndjekë udhën sizifiane dhe për këtë vendos të reagojë i vetëm, në një botë që nuk e pranon. Atij i vdes e ëma dhe ky fakt e lë "indiferent", bile jepet fare i pashqetësuar. Lexuesi i krishterë habitet, ndërsa ai që njeh filozofinë absurde të Kamysë kupton se Mersoja nuk është indiferent, por ai vdekjen e quan shpëtim nga absurdi, i cili vdes bashkë me të. Për ekzistencialistin, absurdi (kujto gurin e Sizifit), e mundon njeriun së tepërmi dhe vetëm kur njeriu vdes, shpëton nga vegjetimi i rremë. Pra, për Mersonë, e ëma ka shpëtuar nga kjo botë që nuk të ofron asgjë. Në fakt, pjesa e parë e romanit i afrohet një kronike, ku lexuesi nuk merr vesh nga vjen dhe kush është Merso. Më pas, fillojnë fjalitë e famshme mersojane: "Kjo s'ka asnjë rëndësi", fjali që të kujtojnë fjalët e personazhit të Garsenit, te drama e Sartrit "Me dyer të mbyllura". Mersoja është i bindur se duhet devijuar nga rruga e Sizifit, ndaj dhe kryen një vrasje, në një rastësi tragjike. Ai mendon se ka shpëtuar dy vetë, arabin e vrarë dhe vetveten. Kështu kemi hyrë në pjesën e dytë të romanit, që i afrohet "Procesit" të Kafkës. Merso nuk e ndjen veten fajtor dhe pret i qetë vdekjen. Ai ka zgjedhur një "vetëvrasje filozofike". Megjithëse është tërësisht absurd, ai ndjen se në një botë ku normat e vlerësimit nuk janë si të tijat, ai do të gjykohet dhe do të dënohet, d.m.th ai zgjedh një vetëvrasje mbi normat e krishtera. Kjo është në përputhje me tezën filozofike të Kamysë se nuk mund të jesh tërësisht absurd pa qenë pak i krishterë dhe anasjelltas. Edhe në fund të romanit, ai uron që në funeralin e tij të ketë sa më shumë njerëz. Përveç mesazhit absurd, këtu fare lehtë, fjalën "uroj", mund ta zëvendësojmë me "shpresoj", duke u bindur se edhe për absurdët shpresa është një mekanizëm që gjithsesi vepron.

Antuan Rokanteni (Antoine Roquentin), protagonisti i romanit "Neveria" të Jean-Paul Sarte, jeton ditët e tij edhe ky i huaj për vetveten dhe për botën. Ekzistenca e tij është ajo e një sendi, ku të ekzistosh, do të thotë: "Me qenë aty ("Neveria" e Jean-Paul Sartre) apo "Me qenë i pranishëm" ("Me dyer të mbyllura", Jean-Paul Sartre). Midis ekzistencës së sendeve dhe atyre njerëzore, për personazhet e Sartrit nuk ka asnjë ndryshim. Kjo i bën ata të ndihen keq. Rokanteni, ndryshe nga Mersoja, nuk e ka kapërcyer rrugën sizifiane, por e përshkon atë njëlloj si Sizifi. Por, ndërsa Sizifi bie për t'u ngritur, Rokanteni është shumë i brishtë dhe bie vazhdimisht. Në ditarin e tij lexojmë: "Prill, maj, qershor 1924, 1925,1926". Asgjë nuk ka ndryshuar dhe nuk ndryshon në jetën e tij. E ardhmja i shfaqet me fytyrën e një plake, që nuk sjell asgjë të re. Koha na lëndon, sepse ajo na afron drejt vdekjes dhe Rokanteni e di këtë. Ai vuan në një përshtjellim, në një neveri, që në fund e kupton se mbështetet tek absurdi. Në fakt, absurdi nuk është as tek ai, as tek bota, por tek takimi i këtyre të dyjave. Të nesërme nuk ka.

E megjithatë, Rokanteni mundohet të rifillojë, ndoshta, edhe nëpërmjet artit, që, në këtë rast, jepet si shpëtim: "Nëse bota do të ishte e qartë, arti nuk do të ekzistonte" (Kamy).

Sartrit nuk i mungojnë personazhet e tipit Merso. Garseni apo Inesi, te drama "Me dyer të mbyllura", janë anti-sizifat, njerëzit që kanë dashur t'i shmangen udhës pa krye, pritjes së gjatë drejt vdekjes. I ndodhur brenda një dhome-ferr, lexuesi e ka të qartë se flitet për një jetë-ferr, më shumë sesa për një botë të përtejme. Dhoma "me dyer të mbyllura" nuk është gjë tjetër vetëm se jeta me liri të kufizuar. Me të hyrë në dialog, Garseni kërkon "hunjtë". Analogjia na çon te Dantja. Në "Ferrin" e tij, njerëzit i nënshtroheshin torturave me hunj, kurse Garseni, në të kundërt, gjen komoditet, bile edhe mobilim me modë. Kjo nuk do të thotë se "ferri sartrian" është më i butë se ai dantesk, përkundrazi, drama gjenetike është e njëjtë. Le të kujtojmë pak rrathët e "Ferrit" te Dantja dhe rradhën e tyre duke u ngushtuar. Sa më i ngushtë rrethi, aq më poshtë në ferr, aq më të shumta vuajtjet, aq më afër njerëzit. Deri sa vjen një pikë që dikush i ha kokën dikujt tjetër. Imazhet danteske e japin qartë mesazhin. Njeriu ha njerinë. Ndërkohë, personazhet e Sartrit, kur binden se janë në ferr, duan xhelatët, që të kryejnë ritualin, por për xhelatët nuk ka nevojë, siç nuk kishte as edhe në rathët e poshtëm të ferrit dantesk, sepse "secili nga ne është xhelat i dy të tjerëve" dhe "Ferri janë të tjerët". Këto janë ndër britmat më dëshpëruese të letërsisë botërore. "Pasqyra", që Inesi kërkon aq shumë, nuk ka ç'i hyn në punë, pasi ajo është ajo që njerëzit duan të jetë dhe jo ajo që ajo ndjen se është. Kjo e bën Inesin të ketë neveri për veten dhe gjenin që përfaqëson, dhe Sartrin të jetë kaq pranë Dantes, megjithëse të dy shkruan të frymëzuar nga bindje të ndryshme, megjithëse të dy e dinin se kujt i drejtoheshin.

Në rrugën e Sizifit, personazhet ekzistencialiste nuk besojnë te Zoti, pasi "Me ose pa pranimin e Zotit, vdekja mbetet vdekje". Duke qenë absurdë, ata besojnë te Njeriu-Perëndi. Njeriu e krijoi Zotin dhe më pas i dha fytyrën e tij. Ai i atriboi atij forcën pa mëkatin, dëlirësinë dhe më të famshmen, pavdekshmërinë, d.m.th. njeriu i fali fytyrën Zotit, i fali gjithçka që i mungonte, pasi njeriu ka nevojë të besojë. Ndaj Kamyja sqaron: "Pa Zotin, ne do të kishim vrarë veten". Të besojë apo jo te Zoti, personazhi ekzistencial e di se fati i tij është i përcaktuar, rruga sizifiane ia tregon atë. "Kjo dhomë na priste?", thotë përsëri Inesi, "Sepse çdo gjë është e parashikuar", vazhdon Esteri. "Por nga kush?", pyet lexuesi. "Kuptohet, nga fati njerëzor", përgjigjet ekzistencialisti.

"Ose ne jemi të lirë e përgjegjës e Zoti është i gjithëpushtetshëm duke qenë dhe përgjegjës i së keqes, ose ne jemi të lirë e përgjegjës, por Zoti nuk është i gjithëpushtetshëm", thotë Kamy.

Personazhet ekzistencialiste dëshirojnë dhe kështu ata nxitin paradokse. "Njeriu i revoltuar" dëshiron të njohë botën, por ajo mbetet përherë e më e huaj, ai dëshiron të vërë në jetë thënien e Sokratit "Njih vetveten" dhe bindet se filozofi paska pasur të drejtë, kjo qenka puna më e vështirë, ndaj vetes mbetemi përherë e më të huaj, sepse ne ndryshojmë, në një

144

botë që na afron kaq pak ndryshime. Sizifi deshi dhe mund të ndryshonte, por udha e tij mbeti e njëjtë. Dhe ne thamë se në këtë botë jemi Sizifa.

Nga absurdi, personazhi ynë nxjerr tri rrjedhime, ai ndihet i revoltuar, përcakton lirinë dhe pasionin e tij.

Nga filozofia te letërsia

M'u duk më e natyrshme që, pasi t'ju përqasja disi me botën ekzistencialiste, të tregonim së bashku se si kjo botë e madhe filozofike u bë letërsi e madhe.

A.Kamy (Albert Camus), Zh.P.Sartri (Jean-Paul Sartre), A.Zhid (Andre' Gide), S.de Bovuar (Simone de Beauvoir) janë katër përfaqësuesit më të shquar të kësaj letërsie, që është vlerësuar si një ndër më të mirat e shekullit, mbështetur në filozofinë e ekzistencializmit, që përfaqësonte një epokë në krizë. Ekzistencializmi është një teori pesimiste, që në kundërshtim me idealizmin, pozitivizmin dhe marksizmin nuk të afron ide progresive. Kjo filozofi e konsideron njeriun "të mbaruar", "të hedhur në këtë botë", vazhdimisht të torturuar në situata problematike dhe absurde. Njeriu i vetmuar e shqetëson ekzistencializmin.

Ndër përfaqësuesit kryesorë të ekzistencializmit përmendim:

Filozofikisht, ekzistencializmi trajtohet si periudhë e krizës së filozofisë së Hegelit (Hegel), Shopenhaurit (Schopenhauer), Niçes (Nietzsche) dhe që në veprat letrare ka gjetur shprehjen në veprën e Dostojevskit (Dostoevskij).

Tek rrënjët e ekzistencializmit kemi veprën e Kierkegardit (Kierkegaard) dhe në letërsi veprën e Kafkës (Franz Kafka).

Fenomenologjia ka një ndikim të dukshëm në këtë filozofi.

Filozofët që përfaqësuan ekzistencializmin janë: Martin Hajdeger (Heidegger), "Ekzistenca dhe koha"; Zh.P.Sartri (Jean-Paul Sartre), "Qenia dhe hiçi", "Ekzistencializmi është humanizëm"; Albert Kamy (Albert Camus), "Njeriu i revoltuar"; Nikola Abanjano (Nicola Abbagnano), Shestov (Šestov), Andre Zhid (Andre Gide), S.de. Bovuar (Simone de Beauvoir), Karl Jaspers (Karl Jaspers), M.M. Ponti (Maurice Merleau-Ponty).

E rëndësishme është të sqarohet se të gjitha traktatet filozofike, sidomos të Sartrit, Kamysë dhe Zhidid, janë jetësuar në art. Ata janë vlerësuar jo se sollën një filozofi të madhe, pasi, siç dimë, kjo nuk është detyra e letërsisë, por sepse ditën ta bëjnë filozofinë e tyre të flasë me fjalë të personazheve. Kështu, ata u bënë më të lexueshëm e më të kuptueshëm. Filozofia i ndihmoi ata, pasi së bashku me letërsinë, ato, të dyja, punojnë me figurat artistike. Letërsia që sollën ekzistencialistët ka ngjyrat e filozofisë së tyre pesimiste. Para kësaj letërsie, lexuesi bie, ndjen neveri, kupton absurdin.

Letërsia dhe filozofia e tyre, gjithsesi, japin të njëjtin mesazh: "Jeta është një aventurë absurde, ku njeriu përpiqet me vetveten sikur të dojë të bëhet Zot... Njeriu mbetet ekzistenca që projekton të jetë Zot, por, në fakt, ai dëshmon për atë që është: një pasion i pamundur". (Sartri)

Reigen - Vallja

ARTHUR SCHNITZLER

Dialogu IV - Djaloshi dhe Zonjëza

Mbrëmje. Një sallon i mobiluar me elegancë banale në një shtëpi në Schwindgasse*.

Djaloshi sapo ka hyrë dhe po ndez qirinjtë, ndërsa ende mban kapelën dhe pardesynë veshur. Pastaj hap derën e dhomës ngjitur dhe hedh një vështrim brenda. Nga qirinjtë e sallonit, rrezatimi ndriçon një shtrat me tendë, me kokën në faqen e murit përtej. Nga oxhaku në cep të dhomës së gjumit përhapet një shkëlqim i kuqërremtë drite mbi perdet e shtratit. Hyn në dhomë. Nga kolona midis dy dritareve merr një shishe me pompë dhe spërkat tapicerinë e shtratit me ca rreze të holla të një parfumi vjollcë. Pastaj shëtit nëpër të dyja dhomat me shishen në dorë dhe vazhdon ta shtypë pareshtur tullumbacen e vogël të pompës. Në çast anekënd kundërmon erë vjollce. Heq pardesynë dhe kapelën. Ulet në kolltukun prej kadifeje blu dhe ndez një cigare. Pas pak ngrihet përsëri dhe sigurohet që grilat jeshile janë të mbyllura. Papritmas kthehet në dhomën e gjumit, hap sirtarin e komodinës së shtratit; fut dorën brenda dhe ndjen një kapëse flokësh me motiv breshke. Kërkon një vend ku ta fshehë, më në fund e fut në xhepin e pardesysë. Pastaj hap një dollap, që ndodhet në sallon, nxjerr një filxhan argjendi, një shishe konjaku dhe dy gota likeri e vendos gjithçka mbi tryezë. I rikthehet pardesysë së vet, nga e cila merr një pako të vogël, të bardhë. E hap dhe e vendos ngjitur konjakut. Shkon përsëri te dollapi, merr dy pjata të vogla dhe takëmet e ngrënies. Nga pakoja e vogël merr një gështenjë të sheqerosur dhe e ha. Më

**Rrugë në lagjen e katërt të shtresës së mesme qytetare të Vjenës.*

pas mbush një gotë konjak për vete dhe e hedh me një frymë. Sheh orën. Shëtit lart e poshtë dhomës. Ndalet për një çast para pasqyrës së madhe të murit, ndreq flokët dhe mustaqet e vogla me krehrin e xhepit. Shkon te dera e paradhomës dhe përgjon. S'pipëtin asgjë. Shkon e mbledh perdet e rënda blu, varur para derës së dhomës së gjumit. Bie zilja. Rrëqethet lehtë. Pastaj ulet në kolltuk dhe ngrihet në momentin kur hapet dera dhe hyn Zonjëza.

Zonjëza: *(E mbuluar komplet me vel, mbyll derën pas saj, ndalet për një moment dhe vë dorën e majtë mbi zemër, sikur t'i duhet të kapërcejë një eksitim të fuqishëm.)*

Djaloshi: *(Shkon drejt saj, i merr dorën e majtë dhe i fal një puthje mbi dorashkën e bardhë me qëndisje të zeza. I flet me zë të ulët.)* Ju falënderoj!

Zonjëza: Alfred, Alfred!

Djaloshi: Ejani, e hirshmja zonjë... ejani, zonja Emam...

Zonjëza: Më lini edhe një çast, ju lutem... Oh, ju lutem shumë, Alfred! *(Qëndron ende në këmbë te dera.)*

Djaloshi: *(Rri para saj e i mban dorën.)*

Zonjëza: Ku jam, në të vërtetë?

Djaloshi: Me mua.

Zonjëza: Kjo shtëpi është e tmerrshme, Alfred.

Djaloshi: Po pse? Është shtëpi shumë e fisme.

Zonjëza: U shkëmbeva me dy burra te shkallët.

Djaloshi: Të njohur?

Zonjëza: Nuk e di. Ndoshta.

Djaloshi: Më falni, e hirshmja zonjë, por ju i njihni të njohurit tuaj, apo jo?

Zonjëza: Nuk shihja dot asgjë.

Djaloshi: Por ata edhe miqtë tuaj më të mirë të ishin, nuk do ju kishin njohur. Ose unë... nëse nuk do ta dija, që jeni ju... Ky vel...

Zonjëza: Janë dy vello.

Djaloshi: Nuk doni të më afroheni pakëz? Të paktën, hiqni kapelën!

Zonjëza: Alfred, si më flisni kështu? Ju thashë: pesë

148

minuta... Më gjatë jo... Ju betohem!

Djaloshi: Pra velin...

Zonjëza: Kam dy.

Djaloshi: Epo, të dy vellot; së paku t'ju shoh; kaq më lejohet.

Zonjëza: A më dashuroni, Alfred?

Djaloshi: *(i lënduar thellë)* Ema!* Edhe më pyesni!

Zonjëza: Qenka kaq nxehtë këtu.

Djaloshi: Po pse akoma me pallton veshur? Ngrini vërtet?

Zonjëza: *(më në fundi hyn në dhomë dhe hidhet në kolltuk)* Jam si e vdekur.

Djaloshi: Më lejoni, ju lutem! *(I heq velin; i tërheq gjilpërën nga kapela, vendos mënjanë kapelën, gjilpërën, velin.)*

Zonjëza: *(E lejon ta bëjë).*

Djaloshi: *(I rri para dhe tund kokën.)*

Zonjëza: Çfarë keni?

Djaloshi: Kurrë s'keni qenë kaq e bukur.

Zonjëza: Pse?

Djaloshi: Vetëm... vetëm me ju! Ema. *(Ulet me një gju pranë kolltukut të saj; ia merr të dyja duart dhe ia mbulon me puthje.)*

Zonjëza: Dhe tani... Më lini të iki. Atë ç'më kërkuat, jua plotësova.

Djaloshi: *(Lëshon kokën në prehrin e saj.)*

Zonjëza: Më premtuat se do të silleshit mirë.

Djaloshi: Po.

Zonjëza: Mbytesh në këtë dhomë.

Djaloshi: *(Ngrihet në këmbë.)* Ende me pallton veshur!?

Zonjëza: Ma vendoseni te kapela.

Djaloshi: *(Ia merr pallton dhe e vendos edhe atë në divan.)*

Zonjëza: Dhe tani... Lamtumirë!

Djaloshi: Ema! Ema!

Zonjëza: Ato pesë minutat ikën me kohë.

---

* *Emri i zonjës nënkupton Ema Bovarinë, personazhi kryesor në romanin e Gustav Flober, "Zonja Bovari" (1857), e cila, si bashkëshorte e një farmacisti të mërzitshëm province, dëshiron me zjarr aventura dashurie.*

Djaloshi: As edhe një!

Zonjëza: Alfred, më thoni njëherë saktësisht sa është ora.

Djaloshi: Është fiks gjashtë e një çerek.

Zonjëza: Duhet të kisha qenë te motra tani.

Djaloshi: Motrën mundeni ta shihni shpesh...

Zonjëza: Oh Zot! Alfred, pse më nxitët ta bëja?

Djaloshi: Sepse unë... ju adhuroj, Ema.

Zonjëza: Save ua keni thënë këtë?

Djaloshi: Që kur ju pashë, askujt.

Zonjëza: Sa mendjelehtë qenkam! Sikur ta kisha parashikuar këtë... tetë ditë më parë... madje edhe dje...

Djaloshi: Dhe pardje madje më premtuat...

Zonjëza: Eh, sa më torturuat. Por, nuk doja ta bëja. Zotin kam dëshmitar; nuk doja ta bëja... Dje isha më se e vendosur... A e dini se mbrëmë ju kam shkruar një letër të gjatë?

Djaloshi: Nuk kam marrë ndonjë letër.

Zonjëza: E grisa. Oh, duhet t'jua kisha dërguar me të vërtetë atë letër.

Djaloshi: Më mirë kështu.

Zonjëza: Oh jo, sa e turpshme... nga unë. Nuk e kuptoj veten! Lamtumirë Alfred, më lini të iki!

Djaloshi: *(E përqafon dhe i mbulon fytyrën me puthje të nxehta.)*

Zonjëza: Kështu... e mbani fjalën...

Djaloshi: Edhe një puthje! Edhe një!

Zonjëza: Të fundit. *(E puth; ajo ia kthen puthjen e rrinë ashtu për një kohë të gjatë.)*

Djaloshi: A t'ju them diçka, Ema? Tani e kuptova se ç'është lumturia.

Zonjëza: *(Zhytet përsëri në kolltuk.)*

Djaloshi: *(Ulet te krahu i kolltukut, i vë një krah lehtë rreth qafës)* Më saktë, tani po e kuptoj se çfarë mund të ishte lumturia.

Zonjëza: *(Psherëtin thellë.)*

Djaloshi: *(E puth sërish.)*

Zonjëza: Alfred! Alfred! Çfarë po më bëni!

Djaloshi: Kjo jo... Është aq e parehatshme këtu... Dhe

jemi kaq të sigurt këtu! Është një mijë herë më e bukur se ato takimet në natyrë...

Zonjëza: Oh, vetëm ato mos m'i kujtoni.

Djaloshi: Orë e çast do t'i mendoj me kënaqësi të pafundme. Për mua, çdo minutë që më lejohej të kaloja pranë jush është një kujtim i ëmbël.

Zonjëza: A ju kujtohet balloja e industrialëve?

Djaloshi: Nëse e mbaj mend...? Gjatë darkës u ula pranë jush, shumë afër jush. Bashkëshorti juaj kishte shampanjë...

Zonjëza: *(E shikon ankueshëm.)*

Djaloshi: Thjesht doja të flisja për shampanjën! Ema, më thoni, nuk dëshironi të pini një gotë konjak?

Zonjëza: Një pikë, por më parë më jepni një gotë ujë.

Djaloshi: Po... Po ku qenka... ah po... *(Shtyn perdet e rënda dhe hyn në dhomën e gjumit.)*

Zonjëza: *(E ndjek me sy.)*

Djaloshi: *(Kthehet me një kanë ujë dhe dy gota.)*

Zonjëza: Po ku ishit, de?

Djaloshi: Në... dhomën ngjitur. *(Mbush një gotë ujë.)*

Zonjëza: Tani do t'ju pyes diçka, Alfred... dhe m'u betoni se do më thoni të vërtetën.

Djaloshi: Betohem!

Zonjëza: A ka qenë ndonjë grua tjetër në këto dhoma?

Djaloshi: Moj Ema! Po kjo shtëpi s'përdoret që prej njëzet vjetësh!

Zonjëza: E dini se çfarë dua të them, Alfred... Me ju! Te ju!

Djaloshi: Me mua? Këtu? Ema! Nuk është mirë që sillni ndërmend diçka të tillë.

Zonjëza: Pra, ju keni... si duhem të... Jo, më mirë jo, s'dua t'ju pyes. Është më mirë nëse nuk pyes. E kam vetë fajin. Gjithçka hakmerret.

Djaloshi: Po, çfarë keni kështu? Ç'është me ju? Çfarë hakmerret?

Zonjëza: Jo, jo, jo, nuk lejohet të vij në vete... Përndryshe do të më duhej t'ia hapja vetes gropën nga turpi.

Djaloshi: *(Me kanën e ujit në dorë, tund kokën me trishtim.)* Ema, ah sikur të mund ta merrnit me mend se sa më lëndoni!?

151

Zonjëza: *(Mbush për vete një gotë konjak.)*

Djaloshi: Dua t'ju them diçka, Ema. Nëse turpëroheni që jeni këtu, nëse nuk ju interesoj më, nëse nuk e ndjeni se për mua jeni tërë lumturia e botës, atëherë më mirë shkoni.

Zonjëza: Po! Këtë do bëj.

Djaloshi: *(Duke i prekur dorën.)* Por nëse do ta merrnit me mend se pa ju nuk mund të jetoj, se një puthje mbi dorën tuaj ka më shumë kuptim se të gjitha përkëdheljet e të gjitha grave të krejt botës... Ema! Nuk jam si të rinjtë e tjerë, që kanë aftësi të përkujdesen për oborrin... Unë ndoshta jam shumë naiv... Unë...

Zonjëza: Po sikur të jeni edhe ju si të rinjtë e tjerë?

Djaloshi: Atëherë nuk do të ishit këtu sot, sepse as ju nuk jeni si gratë e tjera.

Zonjëza: Nga e dini këtë?

Djaloshi: *(E tërheq drejt divanit dhe i ulet pranë.)* Kam menduar shumë për ju. E di, nuk jeni e lumtur.

Zonjëza: *(E kënaqur.)* Po.

Djaloshi: Jeta është kaq e zbrazët, kaq e pavlefshme dhe... kaq e shkurtër... sa tmerrësisht e shkurtër! Vetëm një fat ekziston... të gjesh dikë që të do.

Zonjëza: *(Merr një dardhë të sheqerosur nga tryeza, e fut në gojë.)*

Djaloshi: Mua! Gjysmën! *(Ia ofron te buzët.)*

Zonjëza: *(Ia kap duart që rrezikojnë të rrëshqasin).* Çfarë po bëni, Alfred? Ky është premtimi juaj?

Djaloshi: *(Gëlltit dardhën e flet më i guximshëm.)* Jeta është kaq e shkurtër.

Zonjëza: *(Dobët.)* Por, nuk është kjo arsyeja...

Djaloshi: *(Mekanikisht.)* Oh, po.

Zonjëza: *(Më me dobësi.)* Shikoni, Alfred! Më premtuat... Sjellshëm... Dhe është kaq dritë...

Djaloshi: Ejani, ejani, o diamant, diamant... *(E ngre nga divani rrufeshëm.)*

Zonjëza: Ç'po bëni?

Djaloshi: Atje brenda nuk ka fare dritë.

Zonjëza: Është një dhomë tjetër aty?

Djaloshi: *(E tërheq pas vetes.)* Një e bukur... dhe tepër e errët.

Zonjëza: Rrimë më mirë këtu.

Djaloshi: *(Tashmë me të pas perdeve të rënda, në dhomën e gjumit, merret me gishtat në belin e saj.)*

Zonjëza: Qenkeni kaq... O Zot, çfarë më bëni! Alfred!

Djaloshi: Ju adhuroj, Ema!

Zonjëza: Prisni pra, prisni të paktën... *(Dobët)* Shkoni... do thërras...

Djaloshi: Më lejoni... Më lejoni... Unë *(I merret goja)* ...më lejoni... t'ju... t'ju... ndihmoj.

Zonjëza: Por, po më gris gjithçka.

Djaloshi: S'paskeni veshur sutiena?

Zonjëza: S'mbaj kurrë sutiena. As Odilon* nuk vesh. Por, ama mund të më zgjidhni këpucët.

Djaloshi: *(Ia zgjidh dhe i puth këmbët.)*

Zonjëza: *(Futet në shtrat)* Oh, paskam ftohtë!

Djaloshi: Për një çast do të ngroheni.

Zonjëza: *(Duke qeshur me zë të ulët.)* Vërtet besoni?!

Djaloshi: *(Preket dhe flet me vete.)* S'duhej të ma kishit thënë këtë. *(Zhvishet në errësirë.)*

Zonjëza: *(Ëmbël!)* Ejani, ejani, ejani!

Djaloshi: *(Fjalët e risjellin në një gjendje më të mirë.)* Një moment...

Zonjëza: Kundërmoka si erë manushaqe këtu.

Djaloshi: Është era juaj...

Zonjëza: Alfred... Alfred!

Djaloshi: Ema...

Djaloshi: Me sa duket, të dua jashtë mase... Po... jam i çmendur pas teje.

Zonjëza:...

Djaloshi: Gjithë këto ditë kam qenë si i çmendur. E paraprisja!

---

* Helene O., lindur në Drezden, aktore në Meishen, Berlin dhe Vjenë. Luante shpesh në teatrin popullor rolin e dashnores naive.

Zonjëza: Mos e vrit mendjen për këtë.

Djaloshi: Oh, sigurisht që jo. Është më se e vetëkuptueshme, nëse...

Zonjëza: Mos... mos... U bëre nervoz! Qetësohu...

Djaloshi: A e njeh Stendal?

Zonjëza: Stendal?

Djaloshi: 'Psychologie de l'amour'.

Zonjëza: Jo, pse po më pyet?

Djaloshi: Në të përshkruhet një histori shumë karakteristike.

Zonjëza: Çfarë lloj historie?

Djaloshi: Është një shoqëri e tërë e oficerëve të kalorësisë...

Zonjëza: Aha!

Djaloshi: Ata rrëfejnë për aventurat e tyre të dashurisë. Dhe secili raporton se me gruan që e donte më shumë, kupton, e dëshironte me shumë pasion... se ajo... që ai asaj... me pak fjalë, që secili me këtë grua, ka ndjerë të njëjtën që po ndjej për ty.

Zonjëza: Po.

Djaloshi: Kjo është shumë karakteristike.

Zonjëza: Po.

Djaloshi: Ende s'ka mbaruar. Një nga ta pretendon se... nuk i ka ndodhur kurrë gjatë gjithë jetës, por, shton Stendal... ai ishte një mburravec famëkeq.

Zonjëza: Vërtet.

Djaloshi: E megjithatë të prish qejfin, këtu qëndron problemi? Është e parëndësishme se sa është e vërtetë.

Zonjëza: Natyrisht. Por, diçka tjetër tani, të kujtohet... më premtove se do silleshe mirë.

Djaloshi: Eja tani, mos qesh, s'është kjo rrugëzgjidhja.

Zonjëza: Por jo mor, nuk po qesh. Historia e Stendal është me të vërtetë interesante. Gjithmonë kam menduar se vetëm te njerëzit të moshuar... ose tek ata që me shumë... më kupton, njerëz, që kanë përjetuar shumë...

Djaloshi: E ç'thua kështu? Nuk ka asnjë lidhje me këtë. Meqë ra fjala, edhe historinë më magjepse të Stendal e harrova. Është një nga oficerët e kalorësisë, i cili tregon se kaloi tri net… madje edhe gjashtë… s'më kujtohet më, me gruan që e dëshironte për javë të tëra… dëshirë… E kupton? Dhe për gjithë ato net s'bënë gjë tjetër përveçse qanë nga lumturia… të dy.

Zonjëza: Të dy?

Djaloshi: Po. Të habit? Më duket kaq e kuptueshme, veçanërisht kur dashurohesh.

Zonjëza: Por sigurisht që ka edhe shumë nga ata që nuk derdhin lot.

Djaloshi: *(Nervoz)* Sigurisht… është edhe një rast i jashtëzakonshëm.

Zonjëza: Ah! Mendova se Stendal thoshte që të gjithë oficerët e kalorësisë qajnë në këto raste.

Djaloshi: E sheh, tani? Po tallesh.

Zonjëza: Ç'të thotë mendja! Mos bëj si fëmijë, Alfred!

Djaloshi: E po edhe të nervozon… Por një ndjenjë më thotë se orë e çast ty aty të rri mendja. Kjo më vë në pozitë edhe më shumë.

Zonjëza: Absolutisht që jo! Nuk e kam mendjen aty.

Djaloshi: Oh po! Vetëm sikur të isha i bindur që më dashuron.

Zonjëza: Kërkon më shumë dëshmi?

Djaloshi: E sheh tani? Vazhdon të tallesh.

Zonjëza: Po pse more? Eja, ma jep kokëzën e ëmbël.

Djaloshi: Oh, sa mirë më ardhka.

Zonjëza: Më do?

Djaloshi: Oh, sa i lumtur që jam.

Zonjëza: Por, edhe… s'ke pse qan ama.

Djaloshi: (Duke iu larguar, tejet i irrituar.) Sërish, sërish! Por unë sa t'u luta…

Zonjëza: Kur të them që s'ke pse qan…

Djaloshi: Ti the: Edhe të qash!

Zonjëza: U nervozove, shpirti im.

Djaloshi: Ti e di!

Zonjëza: Por, nuk ke pse. Madje më pëlqen që… që ne, të themi, si shokë të mirë…

Djaloshi: Fillove prapë?!

Zonjëza: Ah, nuk e mban mend! Kjo ishte një nga bisedat

tona të para. Dëshironim të ishim shokë të mirë; asgjë më shumë. Oh, sa bukur ishte... Ndodhi tek ime motër, në janar, në mbrëmjen e madhe të vallëzimit, gjatë *Quadrille**... O zot, duhet të kisha ikur prej kohësh... po më pret motra... çfarë t'i them... Lamtumirë, Alfred!

Djaloshi: Ema! Kështu do të më lësh?!

Zonjëza: Po! Kështu!

Djaloshi: Edhe pesë minuta...

Zonjëza: Mirë. Edhe pesë minuta. Por do më premtosh që s'do lëvizësh nga vendi? Po??? Dua të të jap një puthje për lamtumirë... Psht... rri i qetë... mos lëviz, të thashë, përndryshe do ngrihem, oh i ëmbli im... i ëmbli...

Djaloshi: Ema... e adhuruara... ime...

Zonjëza: Alfredi im!

Djaloshi: Ah, me ty është parajsa.

Zonjëza: Tani më duhet të largohem vërtet.

Djaloshi: Oh, lëre motrën të presë.

Zonjëza: Duhet të shkoj në shtëpi. Për motrën u bë tepër vonë. Sa vajti ora?

Djaloshi: Po, si të ta gjej orën?

Zonjëza: Thjesht, shiko sahatin.

Djaloshi: Orën e kam në jelek.

Zonjëza: Atëherë shko e merre!

Djaloshi: *(Hidhet me një lëvizje të fuqishme.)* Tetë.

Zonjëza: *(Ngrihet nxitimthi.)* Për hir të Zotit... Shpejt, Alfred, më jep çorapet. Çfarë të të them? Në shtëpi, me siguri që më presin... tetë ora...

Djaloshi: Kur do të të shoh prapë?

Zonjëza: Kurrë.

Djaloshi: Ema! Nuk më do më?

Zonjëza: Po pra, për këtë arsye. M'i jep këpucët.

Djaloshi: Kurrë më? Ja ku i ke këpucët.

Zonjëza: Në çantën time të dorës është një aparat** për

---

* Kërcim prej katër çiftesh ose rreshtim katër çiftesh.

** Në atë kohë, një aparat special shumë i përdorshëm për lidhjen e këpucëve.

lidhjen e këpucëve. Të lutem, shpejt...

Djaloshi: Ja ku e ke aparatin.

Zonjëza: Alfred, kjo mund të na kushtojë të dyve kokën.

Djaloshi: (Jashtëzakonisht i prekur) Pse?

Zonjëza: Po çfarë t'i them nëse më pyet: Nga po vjen?

Djaloshi: Nga motra.

Zonjëza: Nëse do mundesha të gënjeja, mirë do të ishte.

Djaloshi: Epo je e detyruar ta bësh.

Zonjëza: Gjithçka vetëm për një person të tillë. Oh, eja këtu... më lër të të puth edhe një herë. (E përqafon.) Dhe tani... më lër, shko në dhomën tjetër. S'mund të vishem kur je pranë meje.

Djaloshi: (Shkon në sallon, ku vishet. Ha diçka nga furra, pi një gotë konjak.)

Zonjëza: (Thërret pas pak.) Alfred!

Djaloshi: Shpirti im.

Zonjëza: Bëmë mirë që nuk qamë.

Djaloshi: (Duke buzëqeshur me krenari.) Si mund të flitet kaq pa problem kështu?

Zonjëza: Si do të veprojmë nëse takohemi rastësisht përsëri në shoqëri?

Djaloshi: Rastësisht... një herë... Me siguri që do të jetë nesër në shtëpinë e *Lobheimers*?

Zonjëza: Po. Edhe ti?

Djaloshi: Sigurisht. Mund të vallëzojmë kotillon*?

Zonjëza: Oh, nuk do të shkoj. Ç'kujton ti? Do të më... (Hyn në sallon e veshur plotësisht, merr një çokollatë) përpinte dheu.

Djaloshi: Atëherë, nesër te Lobheimers, oh, ç'mrekulli.

Zonjëza: Jo, jo... do ta anuloj; padyshim!

Djaloshi: Atëherë, pasnesër... këtu.

Zonjëza: Ç'flet more?

Djaloshi: Në gjashtë...

Zonjëza: Ka makina këtu në cep, apo jo?

Djaloshi: Po, sa të duash. Atëherë pasnesër këtu në gjashtë.

---

*Një vallëzim popullor balloje në Evropën dhe Amerikën e shekullit XVIII.

Më thuaj po, shpirti im i dashur.

Zonjëza: Do ta bisedojmë nesër kur të vallëzojmë kotillon.

Djaloshi: *(E përqafon)* Engjëlli im.

Zonjëza: Mos m'i prish prapë flokët.

Djaloshi: Atëherë, nesër te Lobheimers dhe pasnesër në krahët e mi.

Zonjëza: Lamtumirë...

Djaloshi: *(Papritmas i shqetësuar)* Çfarë do t'i thuash sot atij?

Zonjëza: Mos më pyet... mos më pyet... është e tmerrshme. Pse të dua kaq shumë!? Lamtumirë! Po u shkëmbeva përsëri me njerëz te shkallët do më bjerë pika. Uf!

Djaloshi: (I puth edhe një herë dorën.)

Zonjëza: (Largohet.)

Djaloshi: *(Mbetur vetëm tani, ulet në divan. Buzëqesh dhe i thotë vetes.)* Tani kam një marrëdhënie me një grua të ndershme.

Shqipëroi Loreta Schillock

Reigen (Vallja) është pjesa teatrale më e suksesshme e autorit austriak Arthur Schnitzler. Versioni i parë u shkrua midis 23 nëntorit 1896 dhe 24 shkurtit 1897. Performanca e parë e plotë u shfaq më 23 dhjetor 1920 në "Kleines Schauspielhaus" në Berlin dhe ishte një nga skandalet më të mëdha teatrore të shekullit të 20-të.

Ploti i kësaj pjese barazohet me një zbrazëtirë, pasi në të gjitha skenat spikatet vetëm fakti i sjelljes vërdallë rreth një akti erotik, i cili nuk shfaqet në asnjë prej tyre. Në vend të përshkrimit të tij, Arthur Schnitzler zgjeth vendosjen e vijë-pauzës.

Lightning Source UK Ltd.
Milton Keynes UK
UKHW011537090921
390292UK00005B/595